名师工程
名师解码系列

"国培计划"优秀成果出版工程
"国培计划"全国优秀研修成果数字出版平台

做超越

——刘海涛与创新教育

自我的教师

书系主编 罗海鸥 刘海涛

王林发 陈晓凤 欧诗停◎著

广东省普通高校人文社科重点研究基地粤西教师教育研究中心项目
"基础教育课程改革与教师专业成长研究"（11JDXM88001）研究成果

西南师范大学出版社
全国百佳图书出版单位 国家一级出版社

30年来我的课程与教学可用下列72个字来概括并与教师同行分享：

读写说，教研创；微博信，产学研；云教育，数据库；

思维图，金字塔；小小说，散文诗；有声书，超文本；

品名著，讲故事；学写作，懂人生；建模型，论方法；

实训性，服务型；名教师，新作家；创八者，圆梦人。

刘海涛

刘海涛，享受国务院特殊津贴专家，全国优秀教师，岭南师范学院教授、党委副书记，兼任中国写作学会副会长、国际汉语应用写作学会副会长、湛江作家协会主席等职；曾主持全国教育科学"十五"规划项目，主编"十一五"国家级规划教材；主讲的"文学写作"课程被评为广东省精品课程；发表论文一百多篇，出版教材、著作十多部。

《名师工程》
系列丛书

征 稿 启 事

  《名师工程》系列丛书是西南师范大学出版社策划、组织出版的大型系列教育丛书。丛书以新课程下的新教学为背景，以促进施教者的教育能力为落脚点，以提高教育质量、提升教师水平为宗旨。

  丛书首批推出的"名师讲述""教学提升""教学新突破""高中新课程""教师成长""大师讲坛""教育细节""创新语文教学""教育管理力""教师修炼""创新数学教学""教育通识""教育心理""创新课堂""思想者""名师名课""幼师提升""优化教学""教研提升""名校长核心思想""名校工程""高效课堂""创新班主任""教育探索者"等系列，共170多个品种，其余系列也将陆续出版。为了让广大教师有一个交流、借鉴的机会，同时也为了给广大教师提供更多、更好的图书，《名师工程》系列丛书编辑出版委员会特向全国教育工作者征集稿件。

稿件要求：

1. 主题鲜明、新颖，有独创性。

2. 主题以提升教育能力为主，也可适当外延。

3. 主题要有一定规模、有典型案例支撑。

4. 案例要贴近教育实际，操作性强。

5. 文章、书稿结构清晰，语言精彩。

  书稿作者在选题确定之后，请及时与我们做好沟通，具体事宜确定好之后再进行创作；也欢迎用已经完稿的稿件投稿。一线教师如希望参与图书案例的创作，可联系我社策划机构，由策划机构备案，在适合的图书中参与创作。

  真诚欢迎各位教师踊跃投稿。

联系方式：

西南师范大学出版社高教分社

电话：023－68254356   E－mail：zcj@swu.cn

西南师范大学出版社高教分社北京策划部

电话：010－68403096

E－mail：guodejun1973@163.com

编者的话

当前，以人为本的教育理念正在逐步深化，素质教育以及基础教育课程改革不断推进。在这场深刻又艰苦的教育改革中，涌现了无数甘为人梯、乐于奉献的优秀教师。他们积极探索、更新观念、敢于创新、善于改革，在实践中创造性地发展、总结了很多先进的教育思想、教育理念；创造性地开发了很多新的教学模式、教学内容和教学方法。这些新思想、新模式、新方法在实践中极大地提高了教学质量，是教育改革实践中的新内涵和宝贵财富。这些优秀教师就是我们的名师，这些新内涵就是名师的核心教育力。整理、总结、发展、推广这些教育新内涵，是深化教育改革、完善教育体制、提高教育质量、提升教师水平的一件大事。

教育，是民族振兴的基石；教师，是教育发展的根基。

胡锦涛在全国优秀教师代表座谈会上指出："教师是人类文明的传承者。推动教育事业又好又快发展，培养高素质人才，教师是关键。没有高水平的教师队伍，就没有高质量的教育。"十七大报告又进一步强调了必须加强教师队伍建设，不断提高教师的素质。当今世界，社会进步一日千里，科技发展日新月异，知识更新的周期越来越短。教师作为"文明的传承者"更要与时俱进，刻苦钻研、奋发进取，尽快提升自身素质和能力，为推动教育事业的健康发展贡献自己的力量。

基于以上，西南师范大学出版社策划、组织出版了大型系列教育丛书——《名师工程》。希望通过总结名师的创新经验、先进理念，宣传名师的核心教育力，为广大教师职业生涯提供精神源泉和实践动力，在教育实践层面切实推动从教者职业素养的提升。通过《名师工程》实现"打造名师的工程"。

丛书在策划、创作过程中力求实现以下特色：

一、理念创新，体现教育的人本精神

教师角色在以人为本的教育理念下发生了重大的变化，教师的素质和能力也面临更高的要求。如何弘扬、培植学生的主体性、增强学生的主体意识、发展学生的主体能力、塑造学生的主体人格等问题成为教师在目前教育中亟待解决的难题。丛书以教育管理者和教师为主要读者对象，通过教师综合素质的提高而将人本教育的思想落实到教育实践中，真正实现教育培养人、塑造人、发展人的本质要求。

二、全面构建，系统提升教师的教育能力

丛书选题的最大特点就是系统、全面地针对教师教育能力的提升而展开。施教者的能力决定教育的效果，教育改革的落实、教育效果的提高无不体现在教师身上。丛书针对不同教育能力、不同教学要求、不同教育对象，有针对性地设置选题。棘手学生、课堂切入、引导艺术、班主任的教导力、互动艺术、课堂效率、心灵教育等等，这些鲜明的主题从教育的细节出发，从教育实际情况出发，有针对性地解决问题，让教师在阅读中学有所指、读有所获。

三、科学权威，体现教育的时代前沿性

丛书邀请全国各地著名的教育工作者执笔，汇集在教育改革与实践中涌现的先进理念、成果和方法，经过专家认真遴选、评点总结而成，代表了目前教育实践中先进的教育生产力，具有时代前沿性，是广大一线教师学习、借鉴的好素材。

四、注重实践，突出施教的实用价值

丛书采用了通俗的创作方法，把死板的道理鲜活化，把教条的写法改变为以案例为主，分析、评点为辅，把最先进的教育理念和方法融入有趣的情境中。经典的案例，情境式的叙述，流畅的语言，充满感情的评述，发人深省的剖析，娓娓道来、深入浅出，让教师更充分地领会先进、有效的教育方法。

在诸多教育、出版界同仁的支持与努力下，"名师工程"丛书陆续推出了"名师讲述""教学提升""教学新突破""高中新课程""教师成长""大师讲坛""教育细节""创新语文教学""教育管理力""教师修炼""创新数学教学""教育通识""教育心理""创新课堂""思想者""名师名课""幼师提升""优化教学""教研提升""名校长核心思想""名校工程""高效课堂""创新班主任""教育探索者"等系列，共170多个品种，后续图书也将陆续出版。

丛书在出版创作过程中得到各地、各级教育部门与教育工作者的大力支持与帮助，在此一并表示感谢！

教育事业是全社会共同的事业，本丛书的出版一方面希望能对广大教育工作者有所帮助，共缬先进成果；另一方面也是抛砖引玉，希望更多的教育工作者参与到出版创作中来，百家争鸣、百花齐放，为促进教育事业的发展共同努力！

总　序

名师的"底牌"

　　一个名师懂得学生的学习实际上就是为了获得美好的人生，懂得教学就是为了有效地提高学生的发展能力，也懂得学生的能力包括知识、技能和态度三个方面，更懂得培养学生这三方面能力的方式也应不同。一个名师十分清楚：知识的教育在很大程度上应该通过学校教育来完成；大部分生活技能应该通过家庭中父母的生活教育来完成；态度的改变、价值观的形成应该通过人文教育、社会教育来完成。

　　对应着知识、技能、态度的是学校教育、生活教育、社会教育，一个名师在这三种类型的教育中应有自己的思考。譬如说，信息时代的名师非常清楚慕课的建设能使学校的教育教学产生革命性的飞跃，他会像拍一部好看的电视连续剧那样去精心设计教学内容和教学过程。那些知识点的精彩讲授，那些教学互动、教学训练的有效安排，那些教学案例与测评系统的精心设计……都将使学生高效、快乐地获得知识，发展能力。

　　譬如说，一个名师的教育智慧在挖掘和发挥家庭教育的作用上也有充分的体现，他会告诉家长们怎样做一个胜过老师的好父亲、好母亲，怎样看到自己孩子的潜质和特长，怎样正确评价自己孩子的优点和缺点，怎样鼓励自己孩子去克服自卑、克服厌学而获得学习的成就感和快乐感；他会根据生活的实际状态，告诉家长在信息时代里如何培养自己的媒体素养和读写能力，如何以自身的读写形象来引导孩子的读写活动，以至能艺术地、不动声色地让自己的孩子养成终身受益的读写习惯。

　　譬如说，一个名师的教学理念与教学方法的科学性，体现在他深深地懂得：人们对大千世界的研究是从个别、具体、感性走向共性、本质、理性的，而教育的过程则是从共性、本质、理性走向个别、具体、感性的，

故事教育就能很好地体现这一过程。我们看到,一个名师注重教育叙事的研究和撰写,很善于通过教学案例或教育故事的讨论与叙述来感染、感动学生的情态,改变学生的态度和情感。他研究故事的讲述模型和讲述技巧,他的教学常常是案例或故事先行,而到故事结尾,又非常睿智地点破这个教育案例或教学故事本身所包含着的教育理论和人生哲理。他非常清楚,具有正能量的榜样,在精彩的、有魅力的叙述中将产生正面说教不具有的力量。

本套丛书中的几位名师,全都在自己的教育教学领域做出了傲人的成绩。

比如,刘海涛是中国大陆第一个开设"微型小说写作"课程的人,他运用实践性学习的先进的课程思想、理念和方法,通过系统的、科学的教学设计,引导学生"自由写作""回应写作",把"微型小说研究"建设成为一门研究型课程。在此过程中,他核心的课程理念和基本的教改方法——"研究性实践教学"逐渐清晰,并对此进行了初步的理论归纳和学术表达。同时,利用专题学习网站等现代教育技术创新课程形态,使"写作"课程从传统转型为现代。他的研究型课程教材《微型小说学研究》(3卷本)获"第四届小小说金麻雀奖"理论奖,《新写作》一书在2010年由高等教育出版社出版;学生的研究性学习成果《感动大学生的100篇微型小说》,在第八届"挑战杯"广东大学生课外学术科技作品竞赛中获得一等奖。

比如,梁哲顶着压力,在课堂中悄悄进行教学改革,并经过探索与实践,形成了"激问、激趣、激思"的教学风格,提出了"双主协调,共同发展"的教学理念,凝炼了"四环节开放式教学"的教学模式,在专业精神、专业知识、专业技能、教学研究和班级管理等方面不断丰富自我,超越自我,彰显自己,形成了自己的教学特色,受到业界的关注和肯定。

比如,张旭"弘扬传统文化,传承国学经典",在现代教育中融入传统文化因素,着力构建"书香校园",让学生接受优秀传统文化的熏陶,学会做人,学会做事,学会成长,明白"诵经尊孔学做人,知书达礼成大业"的道理,使一所创办不久的学校成为奇迹的明证。

比如，谭永焕长期致力于教学改革与实践，凝炼了"真心教育"的教学理念，形成了"教学的切入点要巧妙，课堂的动情点要凸显，课程的训练点要扎实有效"的教学特色，教育效果显著，引起广泛关注。

比如，谢文东主张和探索"国学为本，儒雅成才"的教育思想，确立"承启办学，厚德育人，精益求精"的办学理念，致力于儒雅教育的改革与研究，成绩斐然，产生了较大反响。

教学名师之所以深受社会认可，是因为他们拥有先进的教育理念、娴熟的教学技能、丰硕的教学成果、优秀的人格品质，与应试教育观念"反其道而行之"，他们的教育行为包含着教育的本义。教学名师懂得真正的教育智慧和教育艺术，他们懂得观察生活，并从中吸取智慧，让自己的课程建设、课堂教学、教育行为等体现出一种先进的、科学的教育理念与方法。从他们丰硕的教学成果中，我们看到他们在除却教育弊病时振臂直呼，看到他们对学生的那种满腔热情的大爱，看到他们对自己职业的一种执着追求，也看到了他们日常生活的凡人像和隐藏在内心深处的坚韧劲。

是为序。

刘海涛

2014 年 7 月 26 日

序
一个"坐着"与"站起"的教师

一、"坐"与"站"

回望我的教师生涯已有三十多个年头了。可能有些读者还不知道，我六岁时患小儿麻痹，致使左脚留下了终身残疾。我 8 岁那年，父亲的一个朋友曾摸着我的头说："这孩子，可惜了。将来可能要坐在家里工作了。"这句话让我刻骨铭心。

初中毕业时，父亲托人真替我找了一份"坐着"的工作——钟表修理工。但那时的我始终记着赵秉文老师的告诫："无论如何一定要读完高中。"于是，我和父亲闹了一周的别扭，并私自面告那位替我找工作的父亲的好友："我不想上班，我要读高中。"

高中两年很快过去了，虽然只有两年，却彻底改变了我：我开始认识自己，开始和"人生的自卑"做着拉锯般的博弈。我不甘心"坐着"，我想"站起"来！高中的两年，我当了两年的班长和校学生会干部。1973年，高中毕业的我因有一张"病残留城证"，不用和同学们一样"上山下乡"。与此同时，湖南省零陵三中（今永州三中）发来一封信：母校希望我留在学校做英语代课教师。可那时的我满脑子都是"作家梦"，整天想到的是要"站起"来，所以选择离开家，去体验火热的工农兵生活。结果，本可以不当知青的我竟足足做了五年的知青。后来恢复了高考，我又上了大学。

作为 77 级大专生，我进入"毕业季"时，地委组织部要在我们班物色 9 人充实干部队伍，组织部领导选中了我，问我是否愿意做县处级干部的培养对象。此时，我所在的学校党委也决定让我留校担任文艺理论教师。反复权衡，自我感觉当一名教师可能更适合自己，于是"作家梦"开

1

始退隐,"教师梦"正式上演了。

几十年的教师生涯,使我不断成长,教学水平和管理水平都有了很大进步。我从一个班主任,逐步被提拔为系的副主任、系的总支书记、学校的副院长、学校的副书记,还被学校第四届教代会选为工会主席。我指导的学生的研究成果,许多都发表在国内各级报刊上;我所建设的课程,获得了省级教学成果奖,并被评为省级精品课程。凭借这些成绩,我被破格提拔为副教授,后来又被评为正教授,成为广东省高校的教学名师。在科研方面,虽然我只进行微型小说文体研究,但我努力把这些科研成果推向国外,成为学校第一个在国外出版学术著作、第一个出国讲学的教师,并担任了在新加坡注册的世界华文微型小说研究会和在香港注册的国际汉语应用写作学会的副会长。我作为一个需要"坐在家里工作"的人,走出了家门,走出了校门,也走出了国门。

这些业绩和进步,我都归功于我所从事的教师这一职业。教师职业促使我不断阅读、不断写作,养成基本的教师的"职业习惯";教师职业督促我在教学和科研上要与时俱进,养成不断获取新信息、不断从事创造性工作的"生活习惯"。在教师的岗位上,我在"育人"的同时,也在"育己"。30多年来,我的每一点进步,都是教师职业的副产品,就连我始终不肯放弃的"作家梦",也在教师这个岗位上实现了。

此时此刻,我眼前浮现出两个教师同行的故事。2007年我在美国培训时,在旧金山城市学院看到这样一位白发苍苍的教授:他是旧金山城市学院某专业的知名教授,当他60岁办完退休手续后,即刻注册为本校另一专业的新生。另一位就是我的好友毕光明,他是海南师范大学的二级教授,当他年满60岁办理了退休手续后,即刻报考了武汉大学文学院现当代文学的博士生。

这是两位教师终身学习、终身创造的典型,他们热爱生活、热爱教师这个职业。他们让我认识到,教师不能只限于传授知识,不能只为了让自己的学生成长,还要让自己成长,尤其是在高新技术迅猛发展的今天,更要不断学习,与时俱进,这才是网教时代的"新教师"。我渴望做这样的"新教师"。

我的长辈曾预言我只能"坐"在家里工作，是教师的职业让我能"站"起来工作，是教师这一职业让我走出了家门、校门、国门。虽是60岁将至，但我仍想做一个网教时代的"新教师"，想通过慕课，通过互联网，再来一次否定之否定——我将从国门外、校门外返回自己的书房，在我的"慕课工作室"里，让我的教育活动通过互联网再次从家门、校门出发。我会"坐"在家里通过我"慕课主讲教师"的岗位，圆我的"作家梦"和"教育家梦"。

二、成与败

说到成与败，就从我做大学生讲起吧。

1980年，我在湖南师范学院零陵分院（今湖南科技学院）中文（9）班担任学习委员，当时给我们任教的章老师，无论是学历、学识，还是上课时的认真劲都是无可挑剔的。但那时的我，听她讲课总觉得"不解渴"，因为她讲解的内容，我早已读过。于是我在课上便一边细致地在笔记本上记下她的讲课要点；另一边用我仅懂得的一点当代文学知识，在笔记的旁边写下一些不知天高地厚的"批注"。我记得，当时曾写下过"这里讲得太琐碎了""这里有争议的另一方观点也应介绍"这类的"批注"。一次课间休息，章老师走到我身旁，笑着说："让我看看你的笔记，我讲的要点你们都能记下来吗？"我来不及做出反应，她已经拿起了我的笔记本，看到了我用红笔写下的"批注"。

虽然当时章老师并没有批评我，但现在想来，当年那些不知天高地厚的"红色批注"肯定伤了她的心，对此我一直觉得很内疚。但这件事也常常让我思考——对于一些学生自学就能学会的内容，教师到底该怎么教？学生该怎么学？多年后，我终于找到了答案。

二十世纪八九十年代，整个广东省只有3个写作学教授——雷州师范专科学校①的梁劲校长、中山大学的刘孟宇教授、华南师范大学的诸孝正教授。当时刘孟宇教授是这样开"文艺创作基础"选修课的：选修刘孟宇教授课程的同学，要跟着刘老师去采访，看刘老师怎样采访，采访后又是

---

① 雷州师范专科学校于1992年升格为湛江师范学院，后于2014年改名为岭南师范学院。

怎样构思、怎样写作和修改，最后又是怎样把文章发表的。这是一种典型的实践性教学，很好地解决了当学生们能够通过自学而看懂教材时，教师该如何教，学生该如何学的问题。在学生能通过自学掌握知识时，教师应主要通过实践训练来提高学生的写作能力，达到教学目标。

1987年我调到广东省雷州师范专科学校教写作。1990年，广东省开评首届教学成果奖，在截止申报的当天学校才最后确定由梁劲校长牵头，报一个《理论联系实际，加强写作训练》的教学成果。因时间紧迫，那份教学总结由梁校长在三楼办公室写完一页，就直接传到二楼油印室油印，油印完一页就立刻传到一楼会议室交给我校对。雷州师范专科学院的第一个省级教学成果奖就这样产生了。

1992年，雷州师范专科学校升格为湛江师范学院，劳承万教授担任中文系主任。上一任中文系副主任张建渝老师曾有过一个影响深远的策划：筹建中文系学术出版基金，他离任时该基金已有6万多。劳承万教授便用这笔钱组织了一套《文艺学美学丛书》（10本）自费出版。我所编写的书也有幸被收录其中，书名是《主体研究与文体批评》，是由我高校任教后写下的有关文艺创作和微型小说写作的30多篇论文汇编而成。

以劳承万教授为总策划、总主编的这10本学术著作在国内引发了强烈的反响，以这10本学术著作做前期研究成果，后来我们又拿下了2项国家社科基金项目。

在这样的学术背景和氛围下，劳承万教授提出了一个"美学—文艺学—写作学一体化"的教改方案。于是由劳承万教授牵头，我们向省里报了"美学—文艺学—写作学一体化教改体系"的教学研究成果。凭劳教授的学术业绩，凭教学团队的丰硕学术成果，我以为这项教研成果一定能评上省级的教学成果奖，结果我们却名落孙山。个中原因，今天想来可能是，在科研学术方面我们很出色，但在教改措施、教改效果方面我们的研究还显得很苍白。优秀的教学成果，无论是宏观的教改体系，还是微观的课程改革，都要有自己基本的教改理念、可操作的教改措施和看得见的教改效果，只是报一些学术专著肯定是不行的。

1997年12月，我接到武汉大学张厚明老师的信件，说我被提名为中国写作学会第五届理事会副会长候选人，届时将在北京举行的会员代表大会上投票表决，为了让会员代表认识我，我需要在 12 月 28 日的学术年会上做一个主题报告。但 12 月 27 日这一天正是我校第二届党代会选举新的党委会的日子，所以我只能在 27 日下午四点投完票后，才能赶往北京。几经周折，我终于在 28 日凌晨 5 点多赶到了北京。9 点钟会议开始，我准时出席，并按大会议程做了"现代读写说"的学术报告。这个报告的全文于 1999 年在《写作》杂志上被分四期连载。这一成果比较集中地反映了当时我对高校写作课程改革的一些思路和想法，主要是关于新技术与写作教学方面的。

之所以产生这个观点，是因为我看到了新技术对写作教学的影响。在 20 世纪 90 年代，我的写作教学又是怎样追求新技术的呢？1992—1996 年间，电脑和现代教育技术还未普及，我当时在"文学写作"课中使用的是实物投影仪。我把课程中要讲的作品实例，全部打印到胶片上，上课时再投射到白布上，这就是我最早使用的"现代教育技术"，至今我还收藏着几百张当时的胶片。根据实践中新教学技术改变教学内容与形式的情况，我写了一篇教学总结《构建〈文学欣赏与写作〉新教学模型，培养文理师范生人文素质和创新能力的实践》，这个成果在 1999 年获湛江师范学院教学成果一等奖。鉴于这一成果讲了"新技术"与教学新模型的构建，我又申报了省级的教学成果奖。但这个项目最后未被选上。今天看来，可能是我所谓的"新技术"太简单了，它对于改变课程形态、形成新的教法作用有限；同时，我隐约意识到，所谓优秀教学成果，它的教学总结不能太空洞、太理论，应该有一些实实在在的内容。

2000 年以后，电脑和网络开始在教学中普及。网站、博客、电子书等新概念开始进入我的教学。学生刘天平推荐我使用敏思博客，于是我们在敏思博客网站上建了一个"教研创群组"。"教研创群组"相当活跃，吸引了不少校外对写作感兴趣的师生的加盟。到了 2004 年，我将这个写作教学中的新气象归纳为《网络时代的写作教改》一文，并在本校获得年度优秀教学成果特等奖。但是这一成果在省级优秀教学成果评奖中，因标题中出现"网络"二字，被分到工科组评审，结果与省级评选失之交臂。很

长一段时间，我都没有从这次失败的阴影中走出来，我甚至很多次想到放弃。

恶劣情绪的改变来自于省教育厅从 2003 年开始启动的省级精品课程评选。

2005 年，按照省级精品课程的评选标准和要求，我们课程组和教育技术部的专职技术人员一起，精心制作了一个课程网站，把多媒体课件放到网站上，并在网站上开展了一些基本的教学活动。我依此还提出了一个利用多媒体技术"博客—网刊—图书"的"创新写作训练三阶梯"实践教学方案。这一方案是对梁劲校长提出的"理论联系实际，加强写作训练"的创新性继承。与此同时，我的"文学写作"课程获省级精品课程立项建设。后来，华南师范大学陈妙云教授告诉我：那一年，华南师范大学和湛江师范学院同时申报了"写作"精品课程，两校的课程都顺利地通过了初评，华南师范大学的课程还是全票、高分通过。但终评过后，只有湛江师范学院的课程被评选上了。陈妙云教授后来对我说："你们搞的那些网络博客写作，我们搞不了呀。"2010 年，我的写作教改成果《高校写作课程的改革与创新》终于被评为省级教学成果二等奖。

2010 年"文学写作"精品课程经过建设，有了一些可观的业绩，人文学院和学校教务处鼓励和支持"她"参评国家级精品课程。那一年，汉语言文学专业共有 25 门课程参评，仅写作课程就有 3 家申报。初评，我们的课程得分较高，排在第 8 位。排位在前 9 名的课程进入了北京的会议评审。但是，那一年汉语言文学专业的国家级精品课程评选只有 7 个指标……

2013 年后国内外兴起了慕课，让我又一次在困境中看到了曙光……

三、甜与酸

2015 年，我将离开管理岗位，而专职、专心做一件我最喜欢、最渴望做的事：写一部《微型小说创作基本原理》，编一本《世界华文微型小说史》，建一门《微型小说研究与鉴赏》的慕课。这 3 个成果的产生，都将建立在我多年的文学读写、高校教学与研究，以及讲授的 100 多个微型小说的人物与命运、故事与情节、立意与创意等的基础上。我祈望：史、论、课的相互支持和有机结合能为我带来新的"教研之春"。

我确立微型小说文体为研究对象是在 20 世纪 80 年代。1988 年我将一篇研究微型小说情节的论文《论微型小说情节的曲转性》投寄到武汉大学主办的《写作》杂志，并被刊登在 1989 年 5 月的《写作》上。这是我研究微型小说后第一篇公开发表的论文，这篇论文的发表成为我"微型小说研究之旅"的第一个助推器。

1990 年暑假，武汉大学写作研究所聘请我到北京给全国写作助教进修班讲授微型小说专题课。讲课期间，刚好从中国人民大学出版社拿到了《微型小说的理论与技巧》的三校稿。后来这本书在广东省第五次优秀社会科学研究成果评选中获学术著作类二等奖。1994 年因这本书的出版和获奖，学校推荐我参评"享受政府特殊津贴专家"。那一年，我仅 38 岁，经国务院批准"享受政府特殊津贴专家"，成为我"微型小说研究之旅"的第二个推器。

1996 年前后，经文友沈祖连引荐，新加坡作家协会的张挥把我研究微型小说写作技巧的一组文章发表在他主编的《微型小说季刊》上，又经张挥和黄孟文力荐，我研究微型小说的第三本著作《规律与技法——微型小说艺术再论》被新加坡作家协会引进出版。1996 年，我申报正教授，当时真是双喜临门——我拥有中文正教授任职资格的文件和任命我为广东省湛江师范学院分管科研工作副院长的聘书，在同一天到达。我的"微型小说研究之旅"的第三个助推器就此形成。

1997 年以后，我的工作岗位和工作性质发生了变化。作为指导教师，我每年带 10 个左右的本科生以课程论文、学年论文、毕业论文的方式来研究微型小说。2011 年，我所带学生的 31 篇课程论文、学年论文、毕业论文组合成"湛江师范学院专号"在《微型小说月报》第五期发表。

2006 年，我被评为"感动学生十大优秀教师"；2009 年，被评选为第四届广东省高等学校教学名师。但人生从来就不是一帆风顺的：我将所指导的学生的毕业论文汇集成一本《金麻雀奖获奖作家研究集》，参加第十届"挑战杯"广东大学生课外学术科技作品竞赛，被淘汰出局；我的微型小说选修曾有一段时间停开，我的课程网站也曾关停整改……我要感谢这

些经历，是这些经历让我时刻保持着一颗谦卑之心、警醒之心，让我跨过了生命征途中的沟沟坎坎。

人生中的挫折和失败都可以成为我日后的写作素材，我把它提炼为人生的"动力燃料"注入我"微型小说研究之旅"的第四个助推器中。

享受工作与朋友，享受科研与教学，享受亲情与天伦才是我们人生的本义……

刘海涛

2014 年 9 月 15 日

目　　录

上篇　专业成长

中篇 教育主张

下篇 教育策略

几经波折，刘海涛最终还是选择了自己最喜欢的教师职业。在教师的岗位上，他兢兢业业、勤勤恳恳，怀着对教育事业的热爱，努力探索着，进步着，最终成长为一名出色的作家型教师。

上篇　专业成长

第一章　教育路上的睿智选择

瀑布选择了悬崖，它便跌宕成了一首奔腾的歌；种子选择了泥土，它才成就了一片蓬勃的绿；蚌选择了创伤，它才孕育出夺目的珍珠；老鹰选择了蓝天，它才成为勇敢者的化身。漫漫人生路，有无数的选择，但紧要处只有几步。不同的选择，可能会决定我们不同的人生道路。人生，就处在选择、选择、再选择的过程中。也许我们为自己的选择而感到满意，因为时间证明它是对的；也许我们为自己的选择而感到懊恼，因为结果不是我们所期望的。但是无论我们选择的结果如何，我们都要去面对并接受它。

第一节　执着的文学路——教育理想的萌芽

刘海涛从美国考察归来，经过北极时飞机朝着西落的太阳飞去，他写下了这样一段文字：

一个文学意象突然跃上了我的脑际——我们在追赶太阳。因为我们以每小时900多公里的速度驰飞，西沉的太阳慢慢被我们一点一点地追上了。"追赶太阳"，就是为着一个绚丽的理想和远景去发愤拼搏。我们没有看到神秘的北极光，但是体验了一生中极少经历的"追赶太阳"的诗一般的境界和情怀。

刘海涛的文学道路并非一帆风顺，但正是这一份"追赶太阳"的执着情怀，让他在文学路上一直前行。对文学的那种情结与热情，使他克服一切艰难险阻，向着一个绚丽的理想进发。这一过程充满了很多偶然因素，而这些偶然因素，为他的文学之路增添了几分戏剧性色彩。

一、大学的选择

大学的选择是决定刘海涛一生走向的关键，许多现实的因素影响着刘海涛的大学选择。

（一）"77级"大学生的选择

在刘海涛做知青的第5年，即1977年，中国恢复了高考。刘海涛当然不会错过这个考大学的机会，并且紧紧抓住了。虽然刘海涛做知青时在农场生活了5年，但由于在中学时代学习基础比较好，所以只用了一两个月的时间复习，就以平均分66分的成绩考上了大学。当时高考一共考4个科目，平均分达到55分便可进入本科院校。刘海涛足足超出了平均分11分，按理说他可以进入一所非常好的本科院校就读。刘海涛当时很想去条件非常好的湖南师范学院（今湖南师范大学）。但是在恢复高考的第一年，大学的录取除了受成绩的影响，还受政策、身体等各种因素的制约。那时的高考录取政策还不完善，考生很难被条件较好的大学录取。刘海涛的父亲非常担心他的前途，担心他报考湖南师范学院会被退回来，就想办法让他报考了湖南师范学院零陵分院，一所专科院校，即现在的湖南科技学院。就这样，刘海涛放弃了自己向往已久的湖南师范学院，成了零陵分院的一名大学生。

（二）文友圈的错失

在大学选择这个人生关节点上，刘海涛放弃了本科院校——湖南师范学院，选择了专科院校——湖南师范学院零陵分院。这是对他文学创作的第一个影响，他错失了一批优秀的文学创作朋友。

在当时的湖南师范学院，有着一群非常优秀的大学生作家。韩少功、骆小戈、张新奇……他们都是当时全国知名的大学生作家。当时北京大学的陈建功和湖南师范学院的韩少功被称为"南北两功"，在文坛上非常"火"，大学二年级时就发表短篇小说，并获得全国优秀短篇小说奖。那个时候，同样热爱文学创作的刘海涛如果选择了湖南师范学院，就有机会和韩少功等知名的大学生作家成为同学、文友。如果有如此浓厚的文学氛围的熏陶，刘海涛的文学创作可能会进入更高的境界。但让刘海涛遗憾的是，他因为大学的选择而错失了这样一个良好的文友圈子，这不仅使得他的文学创作起步落后了一大截，还错失了一个文学深造的良机。

"当时我的朋友圈如果有像韩少功这样的作家，那我这一生的成长可能就是不一样的了。"

可想而知，大学选择的失误确实是刘海涛在文学成长路上一个无法弥补的遗憾。

"我认为同学圈很重要。同学间的那种相互学习、相互激励，对一个人的成长有很大的影响。"

刘海涛的这番话再一次说明了这位"77级"高考生的大学选择确实给他留下了很大的遗憾。

（三）大学的创作时光

虽然没能进入自己理想中的大学，但刘海涛的学习热情并没有因此受到影响，对文学的执着也没有因此减少。在湖南师范学院零陵分院，刘海涛依然坚持着自己的文学梦。但不同的是，在进入大学以后，刘海涛就不搞文学创作了，而是搞文学研究。在整个大学期间，刘海涛都热衷于此，到了大学三年级，即1980年，他写了一篇关于戏剧人物性格的评论，并发表在当地的戏剧评论报上。这是他第一次发表评论性文章，这在刘海涛的文学成长历程中是很关键的。后来在省级以上刊物中，刘海涛开始陆续发表文学作品和学术作品，这说明刘海涛的文学创作已日趋成熟。

就这样，在大学这个相对自由宽松的学习环境里，刘海涛凭借自己对文学的执着与热情，一步步在文学的道路上努力前行着。在湖南师范学院零陵分院这个专科院校里，一个优秀的文学青年正在成长。

二、 稿变事件

开始文学创作后，刘海涛就热衷于发表文章，但在他文学创作刚起步的时候，他的文章并不是每一篇都能顺利发表的。曾有好几次他的文章几乎要发表了，却又经历了莫名的"稿变事件"。

1979年暑假，刘海涛把自己关在家里，花了几乎整个暑假的时间，仔细地研读了叶蔚林的所有作品，并翻阅了一些关于"作家论"的写作方法和有关资料，最终写成了一篇七千多字的论文——《论叶蔚林小说的思想与艺术》。

刘海涛把这篇论文投到《湘江文艺》（今《湖南文学》）。一个学期过去了，他没有收到《湘江文艺》编辑部的退稿信，于是就托《朝阳花》的作者谭士珍老师去编辑部打听，得知《湘江文艺》本来已经决定将《论叶蔚林小说的思想与艺术》发表在第11期上，但正好碰上周立波同志去世，就被临时撤了下来，换上了三篇悼念周立波同志的文章。

刘海涛当时以为是自己的运气不好，眼看着就要跨进省级刊物的园地了，却被一个无法预料的"文学外"因素无情地阻止了。几年之后，刘海涛才明白其实那一次"稿变事件"并非是"文学外"的因素所导致的，而是由于自身能力的原因，即"文学内"的因素导致的。当时《湘江文艺》的编辑并没有决定采用他的《论叶蔚林小说的思想与艺术》，只是为了安慰他这个羽翼未丰、初试啼声的大学生，才找了一个用周立波的悼文替换他的论文的托词。因为假如他的论文真的被录用，那么就算这一期被替换了，下一期或是下几期也会有发表的机会。当时《湘江文艺》的编辑给刘海涛编造了一个美丽的谎言。

在明白了这个美丽的谎言之后，刘海涛也渐渐明白了搞评论与搞文学创作是不同的，一篇评论文章的发表受到的制约因素要比文学创作多。就算你的学术水平足够，但如果你的评论对象目前还不适宜做评论，那么你的文章也是很难面世的。假如你的评论对象现在需要评论界做出反应，但你的评论内容和评论方式又不恰当，那么你的评论稿同样不过关。评论对象受时代、地域、读者等各种复杂因素的影响，而当时的刘海涛在那个偏远的地方高校，是很难了解到这方面的信息的。然而在懂得这些之前，刘海涛被那个美丽的谎言安慰了很长时间。不管怎样，刘海涛最终还是明白了这一次失败是"文学内"的原因而不是"文学外"的因素。

刘海涛说，在他的文章发表史中，曾经历了五年的退稿事件，这给他的文学创作造成了很大的打击，但这也让他在面对失败和挫折时，学会了不惊不辱，磨炼出了与之相适应的心理素质，使他保持了前进的动力。

三、 处女作命运

在《写作的转型与创意——刘海涛读写说随笔》中，刘海涛多次提到自己处女作的命运。

刘海涛进行文学创作并热衷于发表，很大程度上是受他青年时期的文友邱永权的影响。当时邱永权的《风雨投弹场》发表在了《潇湘文艺》上。刘海涛受他的影响努力写作，几年后发表了第一篇短篇小说《住院途中》。这是刘海涛文学作品的处女作，对他一生的影响非常大。

1977年，受一位宁远籍战友讲述的小故事的启发，刘海涛写了短篇小说《住院途中》。小说是以那个战友所讲的故事里的迟政委为原型进行创作的。

在刘海涛看来，这算是一篇很成功的作品。这一作品是他人生中第一篇由手稿变成铅字的作品。当时，他把小说抄了两份，一份寄到省里的《湘江文艺》，一份寄到地区的《潇湘文艺》。结果《潇湘文艺》编辑部先回了信，决定刊发他的作品。不久，《湘江文艺》编辑部的信也到了，要求刘海涛按照他们的意见对小说进行修改后再寄过去。

由于当时不能一稿两投，刘海涛认为，既然《潇湘文艺》决定采用他的稿件了，那么修改后再寄到《湘江文艺》就没有必要了。于是，他最终没有对他的稿件进行修改，而是选择了《潇湘文艺》。直到《湘江文艺》再次来催稿的时候，《潇湘文艺》的样刊已经出来了，也就是他的小说已经在《潇湘文艺》上印成铅字了。当时为了坚守一稿不能两用的原则，刘

海涛最后还是没有再次投稿到《湘江文艺》。《湘江文艺》是全国公开发行的省级文学月刊，而《潇湘文艺》只是市级的内部刊物。省级的公开刊物与市级的内部刊物发表同一作品根本就不算一稿两投。就这样，他错失了一次在省级刊物上刊登自己作品的机会。

这就是刘海涛文学作品处女作的"悲惨"命运，这可以说是他文学生涯中一个很大的失误。

"我的迂腐与错误导致了我在创作初期与一次上省级刊物的机会失之交臂。"

的确，在《潇湘文艺》发表与在《湘江文艺》发表，虽然都是将手稿变成铅字，但这两个"发表"的内涵、档次以及由此带来的"后效应"是绝对不在同一个水平上的。如果当时刘海涛把他的《住院途中》投到《湘江文艺》，可以说他走出创作困境的起点就高一点儿。这会在无形中对他下一步的学习产生一种压力，而这种压力也将为他接下来的创作注入更大的动力。这种压力和动力很可能会使他迸发出一种难能可贵的创作激情。

时至今日，刘海涛痛心的不是错失了一次在省级刊物上发表作品的机会，而是失去了他一生中最难得、最宝贵的凝聚和爆发创造精神的机会。直到1985年，刘海涛才在省级刊物上实现了零突破，与1978年发表《住院途中》有七年之遥。假如当时他抓住了那个爆发创造力的机会，也许这七年他会创造出另一番天地。这对刘海涛来说，确实是一个无法弥补的遗憾。

虽然只是发表在市级的内部刊物上，但通过处女作的命运，刘海涛悟出了文学创作的另一境界。

"发表很重要，发表给我们带来的愉悦，那种精神上的快乐，那种前进的动力，可以激励一个人……发表意味着你的创作，你的研究，得到了社会的认可，这种喜悦感和成就感，会在人一生的成长当中起到很大的作用……"

刘海涛对文学的执着，使他在大学期间便开始思考自己以后的职业选择——他要选择一个自己喜欢且能让他自由写作的职业。

第二节　不悔的选择——教师职业的专注

在看似漫长却又短暂的人生中，人总会面临各种选择。选择一件喜欢的衣服和选择一份喜欢的工作，都属于选择。两者的不同在于，一件衣服的选择不会影响人的一生，而一份工作的选择足以改变一个人的一生。刘海涛的一生，要从他的一次选择讲起，要从他与教育的故事开始。

由于受身体和生活环境等现实条件的限制，刘海涛曾有过一段被动选择职业的人生。冥冥中有一种缘分，将看似与教育无关的他同教育紧紧地绑在了一起。

一、被动的择业人生

初中毕业后，由于刘海涛有脚疾，他的父亲开始担忧儿子的就业问题。为了使儿子有个美好的未来，父亲开始为他设计就业之路。当时刘海涛的父亲有一位战友，是永州钟表修理店的专业钟表修理工。于是，父亲想让刘海涛初中毕业后到钟表店当一名钟表修理工。那时刘海涛也没有什么更好的想法，只好被动地接受父亲的安排，决定初中毕业后去当一名钟表修理工。在即将初中毕业时，刘海涛认识到，唯有读书才能给自己的人生一个更好的出路。于是他改变了主意，跟父亲商量放弃钟表修理店的工作，等读完高中再做打算。就这样，刘海涛继续读书。读高中时，刘海涛的就业之路又发生了变化。

当时，电子元件厂的待遇非常好，刘海涛又非常喜欢无线电，全家人都认为这是一个非常好的职业。刘海涛的母亲是小学教师，平时只知教书育人，很少求人办事，但为了孩子她亲自去找了厂长："我们家海涛很会写文章，他的文章写得很好，想到你工厂当个工人……"然而遗憾的是，刘海涛并没有得到厂长的赏识，一句"我们又不需要写文章的人"就回绝了刘海涛的母亲。这对刘海涛的打击很大——文章写得好却没有用到实

处，这在很大程度上打击了刘海涛的信心。

就这样，刘海涛两次职业选择都失败了。如何找一份适合自己的工作，成了刘海涛不得不重新思考的问题。

"两次职业选择都失败了，这对我一生的工作影响很大。要怎么找一个适合自己的工作，成为我高中毕业以后一个非常纠结的话题。"

两次职业选择的失败，虽然给了刘海涛很大打击，但从另一个层面来看，这又是刘海涛人生重写的起因。它不仅是刘海涛未来重新择业的转折点，更是他最终走向教师岗位的关键点。假如当时刘海涛的职业选择成功了，也许他就不会再有与教育结缘的机会了。或许这就是一种缘分。这让刘海涛意识到，也许教育这条路就是生活要他去的地方。

二、 教育——唯一的钟情

经过两次择业的失败，按理说刘海涛会更加珍惜接下来难得的就业机会，但在两次择业失败后，刘海涛还有放弃工作的经历。这又是因为什么呢？

大学几年，刘海涛创作了很多文学作品，撰写了一些学术论文，这为他日后的成长打下了良好的基础。此时，刘海涛对文学写作已到了如痴如醉的程度。大学毕业后，刘海涛凭借深厚的文学功底留在母校（湖南师范学院零陵分院）当教师，教文学概论课。1987 年，在湖南师范学院零陵分院工作七年后，刘海涛调回祖籍工作。在这段时间，刘海涛经历了人生几次非常重要的职业抉择，但他只专注教师职业，选择了在雷州师范专科学校当教师，从此与教师这份职业结下了不解之缘。

（一）地委组织部的赏识

刘海涛的父亲在军医院工作，母亲是一位小学教师。刘海涛从小生活在部队环境下，军人的气节或多或少对他产生了影响，同时又生活在知识氛围浓厚的家庭里，自小就接受良好的教育，因此从政对刘海涛来说应该是一个再合适不过的选择了。刘海涛大学毕业时，由于成绩优秀，学校安排他留校任教。就在这时，地委组织部要在中文系毕业生中挑选9名学生以充实党政机关干部队伍。这时组织部选中了刘海涛并征求他本人的意见。在机关干部与教师之间，他没有犹豫就选择了教师，选择了学校。这是刘海涛第一次为教师职业做出的选择。

"我并不认为机关干部不好，我只是感觉我当一名教师可能更合适……"

在刘海涛看来，找到适合自己的职业，才是对自己人生最好的交代。因为认识到自己更适合当教师，于是他选择了教育。这也反映出刘海涛开始思考和明确自己的人生走向了。

（二）党委宣传部的青睐

1987年，刘海涛在湖南师范学院零陵分院工作七年后，调回祖籍广东省湛江市。当时湛江市霞山区党委宣传部恰巧要招聘一名党委干部，条件是大学毕业且是党员，并有一定的文学功底。刘海涛大学毕业时已是一名中国共产党党员，还能写一手好文章。这份工作仿佛是为刘海涛量身定做的。在市区党委宣传部当干部，是一份十分吸引人的工作，特别是对刘海涛来说，更是千载难逢的好机遇。按理说这应该是刘海涛职业生涯中的大好机会，他没有放弃的理由。然而，担任了七年教师的刘海涛，似乎已对教师这个职业产生了特殊的感情，面对着优越的宣传干部职位，他毫不犹豫地放弃了，继续专注他的教师职业。这是刘海涛第二次为教师职业放弃优越的工作。

即便是今天，回忆起那一次的选择，刘海涛仍然感慨颇多。对于一个人一生的职业选择，他认为：

"在职业的选择上，我觉得既要找自己喜欢的，也要找符合自己情况的。我不喜欢当干部，我喜欢的是看书、写作，当干部不能自由地写东西，会受时间、地点的束缚，所以我认为当干部不适合我，当教师就比较适合我。"

从这个选择中，我们可以看出刘海涛已经爱上教师这个职业了。

（三）湛江日报社的欢迎

放弃进入湛江市霞山区党委宣传部工作的机遇后，不久刘海涛又迎来了人生的另一个机遇。当时湛江日报社需要一名写作基础好的人来担任编辑工作，刘海涛很快又得到了这次机会。相对于当机关干部而言，当编辑可以有更多的写作时间，这对成就他的文学梦想是一次绝好的机会。然而，经过仔细考虑之后刘海涛认为，报社的编辑工作大都是以新闻编辑为主，主要是通讯类稿件。而新闻写作要求真实客观又有几分呆板，这些都不能满足他的文学"野心"。他不仅喜欢写作，更喜欢文学，他渴望有一个自由的创作环境，可以不受约束地进行文学创作，而报社的编辑工作与他理想中的写作还有一定距离。最终，刘海涛也没有接受这份工作。

放弃三份待遇优越的工作，在他人看来好像显得有几分清高——既然能够得到一份比较好的工作，为什么要再三放弃？这样的选择，看似很不明智，但也只有刘海涛才明白自己真正最想要什么，什么最适合自己。教师这份工作对于他来说不仅仅是适合他的一份工作，更是他热爱的一种职业。或许，他是在等待一个能够更好的让梦想成长的机会。

（四）钟情教师职业

之所以三次放弃优越的就业机会，源于刘海涛对教师职业的钟情。他为什么对教师职业如此情深？

刘海涛有一位大学老师叫唐朝阔，当年放弃去省城报社工作的机会，自愿到偏远的县城当一名教师。这位老师曾对刘海涛说："把自己的科学知识和人生经验传授给几十个活泼的感情丰富的年轻生命，看着他们一个个成长，一个个走向社会，我深感自己的人生价值得到了实现和升华。"唐老师这一番话深深地刻在了刘海涛的心中，使他一直对教师这一职业怀有一种特殊的崇敬的情结。另外，在教师的岗位上，刘海涛可以有更多的时间与更好的环境进行文学创作，满足自己对写作的痴爱。因此，教师职业对刘海涛来说，注定是一份最合适的职业。

刘海涛"三放弃，一钟情"的择业经历，既决定了他一生的职业走向，也是他由一名普通教师成长为一名教学名师的传奇人生的开始。

三、 写作——唯一的梦想

刘海涛一生最想干的事情就是写作。从小就扎在书堆里的刘海涛，高中开始就立志当个作家，享受驾驭文字的快乐。但是，在残酷的现实面前，要实现这个梦想就像在走一段漫长的上坡路，艰辛、缓慢。他需要付出辛劳，付出代价。比如，放弃安逸的生活、放弃优越的工作、放弃光明的仕途。然而，就算上坡的路再陡，刘海涛始终坚持着自己的写作梦。在他看来，写作能力在现代教师职场不可或缺："我觉得，一个人如果写作能力很强的话，用今天的话讲，他就具备了职场的核心竞争力。"所谓核心竞争力，就是在一个组织内部经过整合了的知识和技能，尤其是关于怎样协调多种生产技能和整合不同技术的知识和技能。在今天这个工作日益专业化的社会，竞争一份职业，除了具备与这份职业相关的专业知识、专业能力外，还需要具备良好的职业素养。写作能力，作为一种难得的职业素养，可以帮助人们更好地与他人交流。而对于刘海涛而言，写作能力不仅是一种职业素养，更是职场竞争的制胜砝码。于是，大学毕业后他就想方设法将自己的职业与自己的梦想结合在一起，而在大学当文学教师无疑是最佳的选择。任教自己喜欢的文学课程，享有可以支配的时间，置身自由的生活环境——大学对于刘海涛来说是最接近文学梦想的地方。就这样，他在调回祖籍后仍然选择当一名教师。

"我最喜欢的还是写作，特别是职业写作。这是我梦寐以求的，但是我现在临近退休都没能实现。我最理想的工作状态，是到中国社会科学院做研究生，可以看自己想看的书，写自己想写的文章，文章发表后还有稿费，但要耐得住寂寞。但是我就喜欢这份工作，我就喜欢没有其他事物的干扰，能够在自己的书房里看自己想看的书，写自己想写的文章。我认为这是最自由的状态，最好的一种工作！而大学教师最容易实现这种工作境界和生活境界。"

为了享有自由的读书状态和自主的研究时间,刘海涛最后选择了当大学教师,从此投身于教育事业,开始了他的教育人生。经过三十多年的奋斗,他果真凭借写作这一现代职场核心竞争力,谱写了自己的精彩教育人生。

"当一个纯粹的高等院校的专业老师,是最幸福,最快乐,也是我最想做的一件事。做多大的官,有多高的收入,都没有这个事情来得快乐,这种快乐是直觉。它也许并不高尚,但它是个人的一种爱好,个人喜欢的一种生活……"

教育对于刘海涛来讲,已不仅仅是一份工作,更是生命里不可或缺的东西。他对教育的热爱,已达到了一种任何事物都无法替代的程度,而真正支撑他在教育路上站住脚的,正是写作。在刘海涛的教育生涯中,"主动写作"永远是他坚持的主题。在教师的岗位上,刘海涛将自己的读写成果尽可能地传播后,深刻体验到了写作的快乐以及写作为他的教育事业创造的内在成就感,这是他在教育岗位上"跑步前进"的不竭动力。写作不仅成就了刘海涛的梦想,也成就了他的教育事业。

有时,一次看似无关痛痒的选择,却决定了人一生的命运走向。在刘海涛多次的职业选择中,由被动选择到主动选择,每一次都关系到他一生的走向。所幸,刘海涛最终选择了教师,选择了与教育为伴。

第三节　无怨的付出——教育情结的释怀

一、　教师的价值——内在的尊严与欢乐

"教师职业的内在尊严与欢乐"是叶澜教授对教师职业真正价值的一种诠释。这种内在的尊严与欢乐源于教师对教育的一种真心付出及一种创造性贡献,而刘海涛一直秉承着这种对教师职业价值的独特见解,努力在教师的岗位上创造着这份"内在的尊严与欢乐"。

刘海涛大学毕业后选择留校任教,这是刘海涛教育生涯的开始。时至

今日，刘海涛已在教育这块麦田上守护了三十多年。在这三十多年的时光里，刘海涛对教育可谓呕心沥血。他对学生的爱护以及对教育那种无法割舍的情结，让他始终在教育的麦田上享受着教师职业的内在尊严与欢乐。

在任教的前十年里，刘海涛大部分时间都是班主任。在他看来，要当好一名大学班主任，思想政治工作是首位。为了做好工作，他定期到学生宿舍了解学生的学习情况和生活情况，和学生一起早操一起劳动，找有思想问题的学生谈心，解决他们的实际问题，并经常召开主题班会，统一学生的思想认识。他以一颗真诚的心和无怨的付出，在学生中充当着父母、兄长、知心朋友的角色。这需要付出比他人更多的时间与精力，疲累是难以避免的，但与学生朝夕相处的日子，使他同学生建立了深厚的感情。他以一颗真诚的心来教书育人。

在湛江师范学院任教时，刘海涛担任中文系87级（1）班班主任。班上有位男同学患了肝炎需要住院，这名学生的父亲在深圳工作，母亲有病，于是刘海涛就包揽了学生的护理工作。后来这名学生病危，中文系书记和系主任要去看望和安慰他的家长，需要刘海涛带路。恰巧这时刘海涛6岁的儿子失踪了，全家找了一天都没找到，家里人担心孩子被人拐走了。系里领导知道情况后劝刘海涛不用跟他们去了，但此时刘海涛不只担心自己的儿子，更担心如果自己不去，领导就很难找到学生的家，且病危学生的家长更需要老师的看望与关怀。于是，刘海涛压抑着心中的焦虑，坚持陪领导一同去探望了病危学生的家长。刘海涛这种把学生的事情看得比自己的事情还重要的精神，深深感动了学生和家长。从此，他赢得了学生更多的信任与信赖。学生把他视为自己的师长、挚友，常常把心里话通过"写作"或"周记"等形式与他交流，有的学生甚至写上"请老师替我保密"，然后把内心深处隐秘的事情告诉他。学生对刘海涛这种发自内心的信任，正是对他工作的肯定。这对于刘海涛来说，正是教师的一种内在尊严与欢乐，是教师职业真正价值的体现。

受挫是成长的催化剂。刘海涛回忆起他三十多年来教育生涯的风风雨雨，感触颇多。他有过成功的喜悦，也有过受挫的痛苦，这位在今天备受学生爱戴的教师，也曾与学生有过不愉快的经历。

"我得到了很多荣誉，名师这个荣誉对我一直有种激励作用。当然我也曾经遇到过挫折，我觉得这是教师成长的过程。"

当提及是否与学生有过不愉快时，刘海涛并没有回避，没有忌讳，而是坦然地面对过去，反省处理略欠妥当的师生关系。

刘海涛曾给一届学生执教"微型小说欣赏"，因为是选修课，学校没有统一的教材。在没有教材的课堂上，教师与学生是很难沟通的。根据上课的需要，刘海涛推荐学生去买三本书。有一天，一名学生对他说由于家里经济不允许，没办法买这三本书。考虑到这是一位贫困生，自有他的难处，刘海涛也没有多说什么。后来这位学生竟然散播他的谣言，声称自己因为没有购买刘老师推荐的书，刘老师就不愿意跟自己讨论问题，有时还拒绝回答自己提出的问题，甚至利用私人情绪，在他的期末成绩上做了手脚。刘海涛很吃惊，由于工作繁忙，可能他确实疏忽了和该生的沟通，但绝没有因为买书事件而冷落他。这是刘海涛在教育生涯中因为师生关系处理不当而遇到的一次不愉快经历。

"这件事让我明白了，教师也要不断地总结经验，不断地成长，不断地了解学生，知道学生的真实情况。知道了真实的情况以后才能施以有效的教育手段与学生共同成长。"

在遇到学生误解的时候，刘海涛并没有急于去澄清，而是以宽容的态度接纳学生。这也许就是这位人民教师之所以能一直在学生中保持崇高威望的原因。

回顾刘海涛三十多年的教书生涯，他有过心酸，遭过冷眼与不解，但收获更多的是感动、是信任、是快乐。他的付出是艰辛的，是苦累的；他的收获是富有尊严的，是欢乐的。这种尊严与欢乐源自他对学生真诚的热爱，对教育无怨无悔的付出。

二、 教师的荣耀——桃李满天下

教育是刘海涛心中无法替代的唯一，学生是刘海涛无法放手的挚爱。刘海涛以一套别具一格的教学理念培养着他的学生，在教育这片土地上撒满希望的种子。

刘海涛的教学非常强调应用、实践和创新。他带领学生搞科研和教研，以饱满的热情走在学术研究的前沿。在他的耐心辅导与精心培养下，这些学生大都更具科研素养与创新能力，已有多人发表作品或出版专著。工作之余，刘海涛还常常带领学生参加各种科技比赛，如"挑战杯"广东大学生课外学术科技作品竞赛、大学生创新创业训练等，并获得优异成绩。他不断探索新人才培养模式，力求培养出富有创新意识和卓越才能的人才。

"苏步青先生曾说，他的本事就在于他教过的学生可以超过他。这句话对我影响很大。这才是一名真正的教师，一名把爱心当做教书育人工作基础的教师……你们必须超越老师。"

在刘海涛看来，教育者真正的成就是培养出超越自己的学生，这也是他在教育路上一直秉承的教育理念和追求的目标。在培养优秀学生的过程中，刘海涛组织学生在敏思博客上创建了"教研创部落""小小说沙龙""当代名篇论坛"等博客群，历届学生在博客上发表了一万多篇文章。同时，他精心策划，出版了由他总主编、学生主编的"读·品·悟""读名篇，学写作，懂人生""百年美文""名师工程"等丛书，共计一百多个品种。现在风行一时的"读·品·悟"品牌，就是由刘海涛一手创建和打造的。

2008 年，刘海涛联合自己的学生刘天平在《语文世界》杂志上连续发表以"读名篇，学写作，懂人生"为主题的的小小说，他们每期选择一篇优秀的小小说，并配以精当的赏析文字，讲解这一篇小小说里包含的人生哲理和写作技法。连载了一年后，"读名篇，学写作，懂人生"专栏已拥有全国一百多万读者。乘着东风，2009 年刘海涛又联合自己的学生王林发在《语文世界》教师版和中学版推出"新写作"专栏。刘海涛负责"教你的学生会写作"，王林发负责"新实用写作"，为全国读者讲解"新写作"。给报刊写普及性文章，似乎属于"闲活"，然而刘海涛把这些当作"教书育人"的分内事。正是这样的舍得与付出，才使他培养出了一批批优秀的学生。

在指导学生参加"挑战杯"广东大学生课外学术科技作品竞赛中，刘

海涛更是不遗余力，带领学生取得了不俗成绩。刘海涛不仅传授给学生丰富的知识，更给予了学生广阔的实践平台，带领他们走上了学研成果双丰收的道路。

在教学上追求创新的刘海涛，一直非常注重培养创造型人才，他的学生大都能养成严谨治学的态度，能吃苦耐劳，甘愿承受寂寞与艰辛。很多大学生容易出现"掉链子"的状况，因为他们刚从残酷的高考中挣脱出来，来到大学后大学的美好与安逸使他们大都安于现状，只有少部分学生能继续积极进取、刻苦钻研。于是刘海涛用刻苦与勤奋影响着他的学生。在他众多出色的学生中，有一个学生让他感到非常骄傲。这个学生出生于贫困家庭，是一名贫困生，刘海涛曾这样描述这名学生："他寒假、暑假都不回家，因为他家在农村，要写书就要留在学校，这样才能有充足的时间和好的环境。在十天里，他每天煮一锅粥，就着从家里带来的咸菜吃。"这名学生就是在这样艰苦的条件下进行学习与研究的。对于这名学生，刘海涛给予了最真诚的鼓励，并充分挖掘他的创造能力，指导他进行研究性学习。最后在刘海涛的帮助和支持下，这名学生的生活得到了改善，研究成果得到了肯定，并于2013年成功出版了属于自己的专著。

刘海涛还有一个得意门生——肖芙，这位来自昆明的学生在刘海涛的影响与栽培下，蜕变成了一名荣获"挑战杯"广东大学生课外学术科技作品竞赛二等奖、大学期间就完成一本专著的出色人才。这本专著就是后来出版的《网络时代的课程与教师——微文学的刘海涛研究》，这不但是学生个人成就的表现，更是一位教师对学生精心培养的见证。

春风化雨，桃李芬芳。在三十多年的教育生涯中，刘海涛以他的人格魅力教书育人，培养了一大批品学兼优、业绩突出的学生。如今，刘海涛的学生遍布全国各地，尽管他们多年没见恩师，但心中依然充满感激。学生的不时问候，令刘海涛感到十分欣慰。

曾有学生评价说："刘海涛教授一直坚持用一颗真诚的心来教书育人；用教师的专业化本领来有效地指导同学们的研究性学习；用新理念、新方法、新教材、新技术来创建教书育人的新课程；实现真正培育同学们的创新素质和创新能力的新教育境界。"是的，刘海涛一步步走来的印记，不仅仅是一张张含金量极高的奖状。他播撒了爱的种子，收获的是爱的果实。桃李满天下，这是刘海涛作为教师的最大荣耀。

三、 教师的传奇——"破茧成蝶"

从大学毕业开始，刘海涛就与教师、与教育紧密相连，他将自己对教育的情愫当成是一段美好的感情，耐心地经营下去。他所倡导的教育是一种创新型的教育，三十多年来他一直朝着这个目标前进，并且屡建奇功。如今，刘海涛的教育早已硕果累累，他已是广东省高等学校的一名教学名师。然而，从一名普通教师到一名教学名师的蜕变，刘海涛一路走来可谓漫长而艰辛。

1987年，刘海涛结束了在湖南师范学院零陵分院七年的助教生活，调回广东省雷州师范专科学校任中文系写作教师。刚回到祖籍任教的刘海涛，同年8月就赴广州市参加广东写作学会举办的"写作备课班"，并创作了报告文学、纪实散文4篇。此时的刘海涛已在写作教学领域表现出出色的能力。同年11月，刘海涛晋升为讲师，并出任中文系"太阳谷"文学社指导教师。到了1988年，刘海涛开始了微型小说的研究与实践，并在此领域屡出成绩，成为微型小说界的佼佼者。1988年的教师节前夕，刘海涛被评为广东省高教系统教书育人先进个人，这是他在教学领域第一次获得如此高的荣誉，带给他很大的动力。之后，他不断对写作教学进行改革、创新、实践，并不断取得突破。凭借显著的成绩，刘海涛赢得了校内外同行及上级领导的肯定与支持，1989年被确定为学校重点培养对象。1990年，刘海涛与同行合作的教改项目"理论联系实际，加强写作训练"荣获广东省高校优秀教学成果二等奖。在此后的两年时间里，还只是一名讲师的刘海涛不断推出教学成果，并奔赴全国各地进行个人专题讲座。1991年7月，刘海涛再一次被评为"省高教系统教书育人先进个人"，同年11月被破格晋升为文学副教授。随后，刘海涛凭借出色的教学，相继获得曾宪梓教育基金会全国高等师范院校优秀教师三等奖、广东省第九届新人新作奖、"全国优秀教师"称号……1995年11月，刘海涛被破格晋

升为文学教授，并被湛江市委、市政府授予"湛江有突出贡献专家"称号。2009 年，刘海涛凭借丰硕的教学成果，被评为广东省第四届高等学校教学名师，完成了从普通教师到教学名师的蜕变。

时至今日，刘海涛已是一名资深的文学教授、国内外知名作家，以及备受尊敬的教学名师。从助教、讲师、副教授到教授，从普通教师到教学名师，三十多年风雨兼程，他硕果累累、荣誉满身，但他最看重的是他的教育麦田。他希望用一辈子去坚守他的教育麦田，用一辈子去践行他的教育理念。三十多年来，在教育道路上他不曾停止过摸索与攀登，在学术研究生涯中他不曾停止过开拓与创新。一路走来，他的荣誉让人惊叹，他的名利让人羡慕，他不曾清高自傲，不曾沾沾自喜。他是卓越的，但他更是谦卑的；他是教育改革的勇敢者，更是教育精神的践行者。

第四节　不止的攀登——双重身份的聚焦

刘海涛一生执着于文学，虽历经挫折但依然向前，对文学保持着与生俱来的热衷与向往。如今，刘海涛尽管年过半百，但犹如中天之日，教书育人的热情丝毫不减。面对浮躁的社会，面对诱人的名誉，三十多年来刘海涛始终保持着一颗清净的心，坚守在教育岗位上，一边进行教学创新与改革，一边处理行政党务，这般心境弥足珍贵。这就是身兼教育者与管理者两重身份的刘海涛，虽事务繁忙，但成果硕硕，令人钦佩。

一、　锐意创新的教育者

在刘海涛看来，作为一名教师，在育人的同时或多或少也在育己。教师与学生理应共同进步，教与学理应相互促进。事实上，刘海涛做到了与学生共同进步。他在教育工作中不断探索创新，力求通过先进的教学理念激发学生的潜能。

"教育工作是一种创造，它使受教育者自己也在成长。我的教育理念，就是让每个人都能发挥自己的主观能动性。教师成长的过程中能体现出教师职业真正的本质和内涵，所以，教学工作和教育工作看起来是烦琐的，但也是快乐的。学生常常觉得读书很枯燥，很难体验到快乐，所以能让学生在我们的帮助培养下体验到学习的快乐，才是我们的教育智慧。教育的本质其实就是怎么让人生活得更好。它是服务型的，能激活每一个受教育者的潜能和个性。如果你的教育能够激活每个受教育者的创造潜能，能够让每个受教育者过上幸福的生活，那就是成功的教育。"

刘海涛的教育讲究润物细无声，不诉诸简单的说教，而是凭借自身的魅力影响学生，让学生在思想上、意志行为上发挥出最大的主动性。他提倡建立一种民主平等的师生关系，在这种关系中教师能够帮助学生成长，学生也能促使教师进步。民主平等的师生关系不是陈旧呆板的学习，不是以教师自我为中心，而是要协调师生双方的利益关系，在充分发挥学生主观能动性的基础上培养学生的兴趣爱好，发挥他们原有的特长。这种师生关系构建了一个快乐的学习环境，使学习本身成为一件快乐的事情。

在刘海涛众多出色的学生中有一名叫李树生的学生。刘海涛是他的首任班主任。那时刘海涛刚刚晋升副教授，第一次尝试让本科学生参与教师的科研课题探索，李树生的毕业论文则是他第一次指导的本科生学士论文。1993 年，刘海涛的科研项目"世界华文微型小说研究"被批准为省高校青年文科重点项目，获得科研经费 2000 元。李树生根据自己的兴趣从这个课题中选择了"北京小小说作家吴金良"作为自己的毕业论文选题。在刘海涛的精心指导下，李树生的毕业论文《题材拓展与立意艺术——吴金良小小说创作论》发表在 1995 年的《百花园》杂志第 7 期上。李树生也因此成了湛江师范学院创建本科专业以来在省级文学刊物发表毕业论文的第一人。但这样一位优秀的学生，由于英语考试没有达到四级水平而不能获得学士学位。刘海涛为了学生的前途向学校领导，甚至向学位评定委员会的教授、主任求情。然而，在冷冰冰的学位条例面前，刘海涛无法帮助学生"渡过难关"。但是刘海涛并不放弃对李树生的鼓励，十年时光过去，李树生蜕变成了一名写作型教师，并发表了几十篇"教师随笔"，成了珠海市语文教育界的明星，连华南师范大学郭思乐教授都请他

去广州给全省的语文课程改革培训班的教师讲课。这是刘海涛在教育上的成功。刘海涛的教育，教给学生更多的是一种精神。在他的课堂上，总能感受到一种催人向上的力量，这就是一位高品质的教育者需要具备的影响力。

"工业时代的教育是批量生产的模具标准。你考试不到 60 分就不及格，不及格就不能毕业。今天的网络时代的教育，应该说是一种服务型的教育，能激活每个受教育者的潜能。每个受教育者内心都有自己的理想、生活目标，这个理想和目标就像他内心的一颗种子，教育者要给这颗种子以阳光、养分，让这颗种子茁壮成长，长成有自己个性、能力的参天大树。我的写作课，就是希望同学们能用新的平台去发表作品，并能够成功，我的教育就是让每个人都能发挥自己的主观能动性。"

作为一名锐意创新的教育者，刘海涛不仅承担起了教育者的责任，诠释了教育的本质，还一直站在写作教学与研究的前列。从走上教师岗位那一刻起，他三十年如一日坚守在教学第一线，从"文学概论""写作""现代读写说""文学创作理论""文学欣赏"到近几年的省级精品课程"文学写作"和为汉语言文学教育专业开设的"微型小说鉴赏与研究"专业选修课，刘海涛始终坚持不当知识的"二传手"，在教学上大胆改革与创新。

1997 年，刘海涛提出"现代读写说"语文教学理念，将生活、书本和汉字、口头表达训练结合起来，为提高学生的读写说能力提供了一套高效的教学模式。2000 年，他提出"审美型阅读，研究式学习，创造性写作"课程建设理念，将过去应试教育功利性很强的文学阅读转变为具有审美性的、为培育人的人文素质和健全人格服务的文学阅读。同时刘海涛还提出并实施了"创新写作训练三阶梯"教学模式，使文学教育与社会实践紧密结合，文学"产学研链条"初步形成。2007 年，他提出"教研创"，即教学、研究、创作三位一体的课程活动，并始终在摸索一条产学研一体化教研创一体化的高教改革道路。2009 年，他提出 XYS 教学法，这是教育回归本位，是在高科技的"网教"时代下的教学方法论。随后，刘海涛又将 XYS 教学法发展为 SSZ，即新技术、新文体、综合体的新读写教程教学法，然后引进云教育、云笔记、云写作等新的写作教学理念。2013

年，刘海涛提出"编写新世纪写作学替换教材""创建专题学习网站，构建新写作教育理论与方法"等设想，很有前瞻性。

刘海涛的教学创新和改革是建立在坚实的科研基础上的。1992年以来，刘海涛连续主持广东省高校文科青年重点项目和省高校"九五"重点社科项目；2001年，主持全国教育科学"十五"规划项目子课题"写作学新教程"；2003年，主持广东省教育科学"十五"规划重点项目"高师研究型课程的研究与开发"；2004年，主持广东省高校现代教育技术"151工程"项目"微型小说专题学习网站"；同年，主持高等教育出版社新形态教材建设项目"文学写作教程"；2006年，主持广东省高校现代教育技术"151工程"项目"华文写作在线网站"；2007年，与人合作主编"十一五"国家级规划教材《现代写作教程》。刘海涛依托教学网站，引进教学理念和技术，对教学模式进行改革与创新，走在了教改的前沿。他说："要想做一名称职、优秀的教师，首先你的课堂和课程必须是优秀的。我尽可能地将科研成果转化为课程资源，尽可能用现代教育技术来武装自己的教学，使课程的内容和形式都能吸引学生。"正是对教育这种透彻的领悟与认识，让他在教育改革与创新上不断取得突破、获得成果，最终成为一名锐意创新的教育者。

刘海涛的贡献与成绩，赢得了同行的认同、学生的尊敬。从事教育三十多年来，他先后三次被评为"广东省高教系统教书育人先进个人"，并被评为"全国优秀教师""广东省名师"等。不过，在众多荣誉中，他最看重的是湛江师范学院的"感动大学生十大优秀教师"的称号。

2005年，湛江师范学院首次进行网络投票评选"感动大学生十大优秀教师"活动，在全校一万多师生自主投票下，他以最高票数位居榜首，众所望归地获得了湛江师范学院"感动大学生十大优秀教师"这一殊荣。在颁奖晚会上，他发表了一段这样的获奖感言：

"在当今社会，面对新的知识文明，教师和学生处在同一条起跑线上，有时教师跑得快，有时学生跑得快，甚至有可能教师和学生最后同时到达终点。这种情形使得师生关系的内涵发生了变化，学校的课程需要重新构建，教师对学生的评价体系产生了变革，教师的教育教学手段出现了转

型。教师和学生更像同一条战壕中的战友，更像同一条船上的水手。学生和教师更像兄弟。于是，教师所有工作的基石此时就是一颗对学生的爱心，教师专业化的体现此时就是有效地指导学生开展研究性学习。能培养出一些超越自己的学生，才是教师真正的成功。"

刘海涛就是一位这样的教师，他与学生是学习上的伙伴、生活中的朋友，他孜孜不倦地工作在教育第一线。这就是真正的锐意创新的教育者。

二、 智慧犀利的行政管理者

管理工作者需要有专业能力，需要有高超的管理能力。教育管理者倘若不是由专业人员来担任，就难以与学生、同事进行有效沟通，难以获得同事的认可和学生的尊重。就我国目前的高校状况而言，管理者大都只负责管理，教师大都只负责教学，管理与专业常常"水火难容"。刘海涛则身兼数职，不仅是文学教授，还是一位充满智慧的行政管理者。他善于将自身的专业与管理工作结合起来，将教育与管理合二为一。他的管理理念在无形中将高等院校的教师权利分为行政权利与学术权利。

1980—1990 年，是刘海涛初为教育工作者的十年。在这十年里，他大多数时间都担任班主任之职，这给他的教育工作、科研工作、管理工作带来了不少启发，更为他的管理烙下了非常明显的个人印记。

1991—1997 年，刘海涛凭借出色的教学业绩及管理能力，担任了湛江师范学院中文系总支书兼副主任，负责教学、科研工作，这是他管理工作中关键的几年。虽然这只是刘海涛行政管理的起步，但此时他已具备了行政管理者的素养。刚刚走上行政管理岗位的刘海涛，不但没有因为行政事务耽误教学，反而通过不断的进修深造、创新学习而取得了更好的成绩。在这几年里，他开始成为微型小说界的佼佼者，其相关理论相继出版。1992 年 10 月，刘海涛被选为中国微型小说学会理事。1993 年，刘海涛赴上海复旦大学师从朱立元教授攻读文艺学硕士课程，同年 12 月获得国务院批准的政府特殊津贴……这些都为他走上学校管理岗位打下了扎实的基础。

1997 年 2 月，中国共产党广东省委员会下达任命书，任命刘海涛为湛江师范学院副院长，主管学校科研工作（2011 年转任党委副书记兼工会主席）。此时的刘海涛，已能很好地服务于同事和学生，他平易近人，甘当学生的"仆人"，深受学生的爱戴。一年四季，他常常被大量的工作困于办公室。于他而言，没有周末，没有假期，他就像一头辛勤耕耘的老牛，一往无前地在自己的岗位上默默付出。多年来累积的教学经验及管理经验，使他既能高效率地处理好行政事务，又能严谨地搞好学术研究以及兼顾好教学工作。他不仅是一位优秀的行政管理者，更是一位有智慧的科研者、有爱心的教育者。除了担任湛江师范学院的副院长外，他还担任了湛江市作家协会主席、湛江市散文诗学会会长、广东省写作学会副会长、中国写作学会副会长、世界华文微型小说研究会副会长、中国世界华文文学学会理事等职务。虽然身兼多职，但繁忙的行政事务并没有难住这位教育者，反而促使他更高效地完成各项工作。他灵活地将行政管理工作与教育工作、学术研究与管理研究结合在一起，做到管理、研究、教育三不误。

"处理行政管理工作和学术研究之间的关系是我多年来一直在努力解决的问题……在这里我用了一个紧密结合的'融合法'。第一是将科研与教学紧密结合，即选择一个教学科研课题——教什么就研究什么，研究什么就教什么。这样，做出来的既是教材又是专著，既是教学又是科研，教学和科研不再是'两张皮'。第二是尽可能让行政管理工作和业务工作紧密结合。抓科研、抓学科、抓科技人才是我的行政工作，而科研、学科工作的具体内容就是我的业务工作。业务工作的抽象化是我的行政工作，而行政工作的具体化是我的业务工作……"

我们不是超人，没有三头六臂，一个人要想同时把行政、科研、教育都做好是很难的，但刘海涛巧妙地解决了这个问题，做到了管理、研究、教育三不误，可谓是充满智慧的行政管理者。刘海涛是教学"写作"的，深知写作的作用。他认为，写作能力是教师的基本素养，是教师职业的核心竞争力，并从此角度对学生提出了新的学习要求。基于此，他的课程形态先后发生了三次大转变。第一次是知识性课程，即将写作定义为一门知

识性课程；第二次为文化素质类教育课程，着眼于学生综合素质的培养；第三次是专业能力类教育课程，这次课程与学生的就业、创业、职场核心竞争力结合了起来，促成了课程形态的转变。第三次课程形态的转变，需要网络技术的支撑。在网络技术支撑下，刘海涛将写作发展成"云阅读＋云笔记＋微博客"的实践平台。针对学生的特点，他把平台分为求学平台、求职平台和创业平台。其中创业平台包括培养专业写手的专业平台和面向教师、公务员、商人等开放的业余平台。培养学生的写作能力，是教育者的责任，属于专业范畴；提高学生的就业竞争力，是管理者的责任，属于行政管理范畴。刘海涛很好地把行政管理与专业研究结合了起来，这使他在专业工作上体验到行政工作的意义，在行政工作中体验到专业工作的快乐。这就是这位平凡管理者的非凡之处。

三、 丰富多彩的学术人生

大学毕业留校担任文艺学助教的第一个学期，刘海涛就用了当时很时髦的"文艺心理学"研究法，撰写了自己人生中的第一篇学术论文——《论题材和主题形成的心理过程》。虽然这篇学术论文发表失败了，但它代表着刘海涛在学术研究道路上蹒跚学步的开始。到了1988年刘海涛走上了微型小说的研究与写作之路，他找准目标，专攻一点，坚持了数十年，最终在微型小说界奠定了自己的地位。

1997年，刘海涛走上了学校领导的岗位。高等教育的终身教育理念、大学是知识创新基地理念等始终影响着他。虽然工作岗位、工作性质发生了改变，但他的学术理想、学术追求一直坚定不移。从那个时候开始，刘海涛就开始注意学术成果的推广。在这一阶段，他的学术成果主要体现在"研究型课程的研究与开发""广东省高校现代教育技术'151工程'""'十一五'国家级规划教材"等项目上。从大学"象牙塔"到寻常百姓家，他的学术成果被广泛关注，获得了很好的社会效益，这使他的学术人生又走上了一个新台阶。

"真正承担好教书育人职责的教师，不仅在课堂内的45分钟精益求精，在课堂外还要精心组织并带领学生开展研究性学习。"

在刘海涛看来，学术研究不只是教师的特权，学生也应投身到学术研究中。组织微型小说沙龙，开展基于网络的研究性学习，创建"教研创博客群"，指导学生编写"感动系列"丛书……这些都是刘海涛组织学生开展研究性学习，进行学术研究的主要内容。其中，他指导学生编写的《感动大学生的100篇微型小说》获"挑战杯"广东大学生课外学术科技作品竞赛一等奖。这不仅是他教学改革上的成功，更是"科研与教学"成功实施的体现。如今，刘海涛已经构建了属于自己的微型小说理论体系，其研究成果曾多次获奖：2001年，获得广东省高师写作研究中心优秀成果一等奖；2006—2007年，获得广东省优秀哲学社会科学成果二等奖；2010年和2014年，分别荣获广东省第六届高等教育省级教学成果二等奖和第七届教育教学成果奖（高等教育）一等奖，成为湛江师范学院获得省级社科奖、教学奖"大满贯"的首位教师……这些荣誉，是刘海涛精彩学术人生的写照。

成功的背后总是充满泪水。刘海涛取得这样的成绩，并非一蹴而就，而是充满挑战的。在微型小说这个不被看好的"冷板凳"上，他一坐就是二十几年，连续三次申报广东省教学成果奖都惨遭失败，直至2010年，他才始尝成功的滋味。每一次失败后，他都要再进行几年漫长的准备才能获得下一次机会。学术研究的"马拉松"式历程磨炼了他坚忍不拔的意志，使他面对每一次的失败都能继续前行，坚实地走好每一步。最终，他凭借着巨大的创造力与惊人的耐力谱写了自己精彩的学术人生。

在高校任教的三十多年，一路走来，多少艰辛，多少坎坷，只有刘海涛自己最清楚。刘海涛的学术研究始于一个四面透风、翻一页书隔壁的邻居都能听见的由教室改建的住房里。在学术之路上，曾经有各种各样的做"大课题"的机会摆在他面前，而他始终没有放弃研究微型小说，他始终如一地坚守着自己的教学阵营和学术阵地。经过多年的努力，刘海涛终于站在了微型小说理论研究的前沿，各种荣誉纷至沓来。1999年以来，刘海涛连续申请到广东省重点社科项目3项，创立了一个系统的"微型小说学"科研成果，该成果获广东省第五届哲学社会科学优秀成果奖二等奖和

广东省第九届新人新作奖。《规律与技法——微型小说艺术再论》《叙述策略论》两部著作被新加坡作家协会引进出版，二百多篇论文在《文学评论》《文艺理论研究》等刊物发表，一百多篇文章以专栏形式在新加坡的《微型小说季刊》、国内的《写作》等二十多家报刊连载，在海内外产生了广泛的学术影响。

在教育之路上，刘海涛充当了一个集教育者、管理者、理论家于一身的角色。他的教育为他的行政工作、理论研究铺路，他的行政工作、理论研究又充实了他的教育生活。如果一个人对教育的领悟没有达到炉火纯青的程度，是不会到达如此境界的。回望三十多年来的教育路，刘海涛在艰苦的环境中坚持，在奋斗的征途中战斗，在寂寞的世界中思索，最终创造了自己的传奇。他的学术生涯，有力地证明了教育是他人生道路上的睿智选择。

第二章　学术路上的卓越探索

刘海涛认定了教师这一职业是他一生的追求，但同时，他的文学梦也在滋长，他认为那个激励他一生的文学梦，在教师的岗位上依然能够实现，所以他一路坚定前行。如今的刘海涛已是一位颇有建树的作家型名师了。

第一节　微型小说里的"巨型人生"

2013 年 5 月，刘海涛被香港大学聘为博士论文评审人和某博士生的论文答辩委员会专家。英语是香港大学的工作语言，而作为中文教师的刘海涛，英语偏弱，同时又考虑到几十万字的英文博士论文光请人翻译就要很长时间，再加上他目前是湛江师范学院的领导，若要去香港出席论文答辩会，光办手续就需要不短的时间，这对他在学校的工作会有很大影响，因此他犹豫要不要接下这个任务。但出乎意料的是，香港大学校方答应寄博士论文的中文版过来，还为他推荐了一种简便方法——通过视频参加该博士生的论文答辩会。刘海涛当时已经做了这样的准备：在答辩会上请一位英语教师坐在他身边帮他翻译。然而香港大学校方又答应他在答辩会上可自由选择用英语、粤语、普通话三种语言发言。作为享誉国内外的香港大学，为什么再三照顾和迁就英语并不怎么好的刘海涛呢？其真正原因是，这一博士论文是关于微型小说理论和微型小说教学的研究。香港大学如此高待刘海涛，足以证明他在微型小说界的地位。

微型小说可谓是刘海涛学术人生中最大的传奇。在微型小说的世界里，刘海涛经过近三十年的坚持与摸索，谱写了自己的"巨型人生"。

一、 结缘： 情有独钟

1987 年，刘海涛刚调回雷州师范专科学校不久，就开始了微型小说研究。在当时的文学界，微型小说只是作为一个"民间"的东西存在，尚未形成系统的体系，得不到文学界的认可和重视。就在微型小说缺少关注度、杂乱无章的背景下，刘海涛开始着手微型小说的研究。他的决定在当时并没有得到同行和领导的支持。他们对刘海涛研究这么微小的课题不以为然，认为微型小说没有研究的意义，还劝他趁早改变研究方向，去做一些大课题。而在刘海涛产生研究微型小说的念头之前，也想过进行作家个案研究，专门研究作家的个性特点，但几经思考，刘海涛最终还是不顾别人的劝说，选择了微型小说研究。这一选择，开始了他在微型小说里的"巨型人生"。

其实，刘海涛对微型小说的情有独钟并非偶然。在他还是一名大学生时，他人生的第一篇由手稿变成铅字的文章——《住院途中》就是一篇微型小说；在他还是文艺理论教师时，在《战士报》上与文友谢永权合作的第一篇评论文章以及他第一篇发表在《湛江师范学院学报》上的文章都是评论微型小说的……表面看来，刘海涛确实和微型小说有着一种天然的缘分，而实际上，在他大学毕业前后的几年里，正是上海《小说界》倡导微型小说文体、《北京晚报》"一分钟小说"专栏开设、上海文艺出版社出版凌焕新教授主编的《微型小说选》（1—9 集）并发行几十万册的时候。这为刘海涛开展微型小说理论研究提供了良好的文化背景和艺术土壤。在此之前，即在刘海涛还只是大学生的时候，他已经历了足足 5 年的创作失败期。创作上的反复失败让刘海涛深刻体验到了托尔斯泰所说的那句话："小小说是训练作家最好的学校。"而在中国吹上改革开放的春风，文学的生产力、创造力前所未有地解冻的时代背景下，刘海涛心中已有的"微型小说种子"开始努力发芽、开花。因此，刘海涛走上微型小说研究的道路也成了一种必然。创作失败的经历以及当时的文化背景为刘海涛的微型小说研究提供了良好的基础，让他在微型小说的"冷板凳"上走出了属于自己的光明大道。

二十多年来在"冷板凳"上的坚持，成就了刘海涛微型小说界"领军人物"的地位。在二十多年的历程中，微型小说从"民间"逐渐得到"官方"的认可，从"幕后"渐渐走上"台前"，发生了翻天覆地的变化。在此之前，微型小说的论著很少，而且通常是以单独一篇微型小说赏析为主，只是用短小的篇幅只言片语地对微型小说进行解释和评说。如今的微型小说方兴未艾，蓬勃发展。在这其中，刘海涛功不可没。在微型小说暗淡的年代里，他选择了与微型小说一起成长。刘海涛凭借非凡的洞察力和对文学独有的长远眼光，预见了微型小说的发展前景，最后在学术道路上做出了一个睿智的选择。这不仅是他在微型小说上的创造力的体现，也在很大程度上体现了他在文学上惊人的洞察力。

二、 成长： 在贵人的肩膀上跨过台阶

1988年正式走上微型小说研究的道路后，刘海涛将一篇在暑假期间写成的研究微型小说情节的论文投寄到武汉大学主办的《写作》杂志。1989年他带学生去海康县（现为雷州市）进行教育实习，饭后正在街上散步，看见报亭里有《写作》，便买了一本。在翻看中，他惊喜地发现自己在暑假期间写的论文《论微型小说情节的曲转性》就发表在其中，这让他兴奋不已。这篇论文虽然还没有系统阐述微型小说的体系，但它的发表给了刘海涛很大的鼓舞和激励。如果将这篇研究微型小说情节的论文的发表当作他微型小说研究成长的开始，那么在接下来很长的时间里就是他与微型小说共同发展的岁月。可以说，在与微型小说共同发展的历程中，刘海涛是幸运的。他的幸运不仅源于第一篇关于微型小说研究的论文的成功发表，还源于他遇见了很多真诚帮助他的贵人。

刚调回湛江市时，刘海涛还只是一个默默无闻的青年教师，从未在湛江市的文学刊物或报纸上发表过作品。在他最初研究微型小说的5篇文章中，有一篇在《湛江文学》上获得首发，而这一幸运就来自于湛江作家协会主席艾彤的支持和帮助。

"可以说湛江市的文学前辈艾彤老师是最早让我的微型小说研究成果在湛江文坛上露面的。"

刘海涛一直把艾彤当作是扶持他在微型小说界崭露头角的第一人。当时艾彤在审读刘海涛的稿件后就对别人说："从刘海涛这篇谈微型小说情节的文章看，对于微型小说他好像有很多话要讲。"这是刘海涛在微型小说研究道路上得到的最早也是最好的肯定，也暗示了刘海涛在微型小说研究上独有的天分。

当时，最早审读刘海涛微型小说理论文章的还有武汉大学写作研究所张厚明教授，张厚明教授是第一个给刘海涛的书写序的人。1990 年，张厚明做了一件对刘海涛的成长有着重大的、关键性意义的事情。那年的 7 月份，刘海涛还只是专科学校的一名青年教师，张厚明就用武汉大学写作研究所的名义聘请他到北京给全国写作学助教进修班的 100 多名学员讲课。助教进修班的课属于硕士研究生课程，对刘海涛这样的青年讲师来说属于破格了，这使得刘海涛的微型小说研究开始走出湛江市为更多人所知。

在微型小说研究过程中刘海涛还遇到两位贵人。一位是微型小说家沈祖连，他曾通过信函将刘海涛介绍给新加坡的微型小说家张挥。张挥是新加坡的一位中学美术教员，当时正主编《微型小说季刊》，恰巧当时刘海涛有一些关于微型小说文体研究的最新成果，经沈祖连与张挥的推荐，这些成果得以在新加坡的《微型小说季刊》上连载，这不仅是刘海涛的微型小说初次走出国门，也是中国的微型小说研究理论首次与东南亚的华人作家见面。当时上海文艺出版社江曾培、新加坡作家协会黄孟文、泰国作家协会司马攻、菲律宾作家协会吴新钿、马来西亚华人作家朵拉等联手在搞一个国际性赛事——"春兰杯·世界华文微型小说大赛"。在这种用微型小说来整合海外华文文学的氛围下，由于张挥力荐，新加坡作家协会决定引进刘海涛研究微型小说的理论著作《规律与技法——微型小说艺术再论》在新加坡出版，这是刘海涛的学术著作首次在国外出版。1994 年，这本书被广东省作家协会评为第九届新人新作奖。1996 年他的第四本著作《叙述策略论》又被新加坡作家协会引进出版。同年，刘海涛开始申报教授职称，他凭着在国外出版的著作和省内的文学奖、社科奖以及被评为全国优秀教师等综合因素而破格通过。今天看来，刘海涛成功的"多米诺骨牌"的第一张牌就是那本《规律与技法——微型小说艺术再论》。因此可以说，没有沈祖连，没有张挥，就没有今天的刘海涛。这两个人是使刘海涛的微型小说研究走向世界的关键人物。

在微型小说成长道路上刘海涛还遇到了一个非常关键的贵人，那就是南京师范大学的凌焕新教授。凌焕新可以说是刘海涛在微型小说研究上的启蒙者及恩师。20世纪80年代，刘海涛反复研读凌焕新教授主编的《微型小说选》（1—9集），反复地分析他附在每一集《微型小说选》后的万字研究论文。凌焕新教授研究微型小说文体特征的观点、方法深深地启发了刘海涛。在凌焕新教授的启发下，刘海涛写了《规律与技法——微型小说艺术再论》。刘海涛曾专程赶到南京请凌焕新教授为他的《规律与技法——微型小说艺术再论》写序，凌焕新教授在序中对他的微型小说艺术模型的研究方法和观点给予了充分的肯定。退休后，凌焕新在续写《微型小说美学》时，又提出微型小说艺术模型的问题，并在自己的新著中进一步将其深化发展为微型小说情节模型新论。这一回，凌焕新教授请刘海涛为他的书作序。刘海涛与凌焕新相差20岁，凌焕新却请刘海涛为他的书作序，这充分肯定了刘海涛在微型小说界的地位。可以说，刘海涛在微型小说上所获的灵感与启迪，大多来自于自己的恩师凌焕新，他在凌焕新教授的身上既学到知识、方法，又学到终身学习、不断创新的精神。师生二人在各自的序中互相肯定，互相鼓励。后来，凌焕新教授向中国写作学会负责人推荐了刘海涛，结果，他们这一对师生凭着各自不断创新的微型小说理论研究业绩，双双当选中国写作学会副会长，双双当选在新加坡注册的世界华文微型小说研究会副会长，也双双获得中国"小小说金麻雀奖"。凌焕新和刘海涛这对各有成就的师生，可谓是微型小说界的传奇佳话。

"我的微型小说理论研究能坚持二十多年，能随着时代的进步不断力争创新，确实与自己在学术生命中遇到的贵人所给的鼓励、支持、启迪和鞭策有着密不可分的关系。"

刘海涛在微型小说界功成名就后，依然不忘感恩那些支持、帮助、鼓

励过他的人。的确，刘海涛在微型小说研究这条道路上是幸运的，他遇到了赏识和帮助他的贵人，并在贵人的肩上跨上了一个个台阶，最终成了微型小说界的领军人物。

在微型小说界，刘海涛就像个"巨人"一样屹立在微型小说研究的前沿。然而，他在微型小说研究上的成就，绝非仅靠运气得来的，他成功的道路并非一帆风顺，幸运也并非每次都光顾他。

"我也走过坎坷曲折的路，我的小小说也面临两种局面，一种是成功，一种就是失败。"

早期，刘海涛将微型小说作为一门课程在大学讲授，不久之后这门课程被学校"封杀"了，直至今日还没能"复活"。颇费工夫开设的课程没到几年时间就遭遇夭折，这对他来说是一个很大的打击。

除了不被学校认可，在微型小说探索的道路上，刘海涛遇到的另外一个挫折就是发表的问题。发表文章、出版论著对于一个学术研究者而言是十分重要的，在刘海涛看来，发表文章意味着自己的研究成果得到了认可，可以起到激励作用，能够鞭策他前进。他渴望自己的研究成果能够发表在权威报刊上，可惜都未能如愿。曾经，他把一篇8000字左右的关于微型小说研究的论文投到《文学评论》，却只有2500字被采用。他曾说："《文学评论》是文学研究最权威的刊物，如果全部刊登那篇论文，便是对我的肯定。"可见，刘海涛在微型小说研究与发表上遇到了不少挫折。

然而，这并没有让刘海涛失去信心。"延续创作生命和学术生命，提高作品的含金量和艺术价值，让艺术之花更长久"成了刘海涛的目标。他不再只追求每个字都发表，而是转为关注自己文章的生命力，这让他的生活和学术境界又得到了很大的提升。时至今日，刘海涛关于微型小说研究的成果发表率几乎达到百分之百。这不仅体现了他在微型小说界的地位，也体现出他善于发现问题、解决问题的能力。正是那些不断出现的挫折与失败，练就了这位有着透彻洞察力的微型小说理论家。

三、 突破： 获得认可

二十几年来，刘海涛坚持投身微型小说研究，如今，他已构建了属于自己的微型小说理论框架，是闻名中外的微型小说理论家与实践者。2009年5月，刘海涛的《微型小说学研究》（3卷本）荣获"第四届小小说金麻雀奖"理论奖。"小小说金麻雀奖"在微型小说界有着广泛的影响，此奖的获得是对刘海涛在微型小说界地位的最高认可。然而，他并没有因此停止前进的步伐，而是不断突破与创新。刘海涛在微型小说上屡创新高，又是如何实现的呢？

"现在回想起来，我和凌焕新教授的成功实际上得益于我们的研究方式和教学方式。我们俩都是师范学院的教授，都坚持在高等师范院校给本科生、研究生开设微型小说理论研究课。这是我们和国内外任何一个从事微型小说理论研究的人所不同的地方……"

作为一名锐意创新的教育者，刘海涛创造性地把微型小说理论应用于教学，把无数青年学子引入微型小说的世界。他与青年学子共同探讨，一起研究，学生的创新精神、坚毅意志、灵巧方法以及一些带"棱角"的观点带给他启发，激活了他的研究灵感，从而让他在微型小说研究上发现了更多新的问题，使他取得了更大的突破与创新。他所拥有的这种心态是很多学者、研究者所缺乏的。所以，他带着他的学生，以微型小说理论和微型小说作家研究为主题做毕业论文，做"挑战杯"广东大学生课外学术科技作品大赛的项目。十几年来，他的学生在国内外发表的有关微型小说研究的论文已有一百多篇，有的学生还组织了微型小说研究沙龙和微型小说作家网络研讨会，出版了一批如《感动中学生的100篇微型小说》等语文课外阅读书籍。其学生毕业后到各个学校，或把微型小说嫁接到语文教学中，或干脆开设"微型小说鉴赏"等语文选修课，这不仅是刘海涛在微型小说研究上取得的突破，更是他在教学模式运用上的成功。

刘海涛在微型小说界所取得的成就不仅得益于他的研究方式与教学方式的紧密结合，还得益于其研究观念和研究手段的现代化。2014年，刘

海涛主持完成的"微型小说研究型课程的研发与实践"获得第七届广东省教育教学成果奖（高等教育）一等奖。这证明刘海涛的教学改革获得了广大专家的肯定，在国内外产生了一定的学术影响。

1996年，刘海涛在广东省佛山市举行的"春兰·微型小说个人作品集评奖颁奖会"上发言，将他1988—1996年八年间对微型小说文体所做的投入的、持久的研究分为了三个阶段。

1988—1990年，是他微型小说研究的第一阶段。这一阶段主要是从写作学、创作论的角度借助文艺创作理论和美学理论来构建微型小说文体最基本的创作理论；从文体特征、选材立意、人物创造、语言运用、情节技法等方面进行论述。在这个时期，出版了他的第一本与微型小说有关的学术论著《微型小说的理论与技巧》。

1991—1993年，是他微型小说研究的第二阶段，也是他微型小说研究的关键时期。这一时期的研究成果可谓硕果累累："微型小说写作学"课题成功获得立项；平均每年在国内外各种报刊发表论文三十多篇；在新加坡出版的《规律与技法——微型小说艺术再论》获得了广东省第九届新人新作奖；1993年被国务院批准为享受政府特殊津贴人员，1995年被湛江市政府和市委授予"湛江市有突出奉献专家"的称号，被国家教委、人事部授予"全国优秀教师"奖章。

1994—1996年，是他微型小说研究的第三阶段。他把在前两个阶段构建的微型小说理论基础运用到微型小说"作家论"和"作品论"的批评实践上。他这一阶段的研究可归纳为三个特点：第一，侧重研究每个微型小说作家的艺术个性；第二，有意识地引进叙述学的理论来研究作家和评价作品；第三，除了本人进行研究外，还带动一批本科高年级学生和部分教师参与课题研究。

以上三个阶段很好地总结了刘海涛微型小说的研究历程，也道出了他对微型小说特有的执着。他关心微型小说的命运，可以说，微型小说已经融入了他的血液、他的生命。

"多年来，我们亏待了小小说，中国亏待了这批研究小小说的人，而文学又把小小说边缘化了。我们应该看到，小小说对素养的提升，对中国文化事业、文化产业的提升发挥着重要的作用。"

在今天，刘海涛同样相信微型小说具有强大的爆发力，对国民素质的提高有帮助作用。事实证明，微型小说越来越得到国家和文学界的重视。如今，我国已把微型小说列入"鲁迅文学奖"的评选中，并给微型小说设立了创作基地。

"微型小说被纳入'鲁迅文学奖'评选，对我的教育工作、创作工作、研究工作是个极大的激励。"

为了推进微型小说的发展，刘海涛参加各种各样的微型小说研讨会，与来自全国各地的微型小说作家、研究者交流心得，而在最近的微型小说研究中，他又提出了新的模式——因果结构。

"小小说的因果结构是我最新的东西。"

有研究者认为，一个人最大的创造力将停留在 35 岁，而这一论断好像对刘海涛并不适用。此时的刘海涛已 50 多岁，但在微型小说的研究上他又有了新的突破。相信在不久的将来，他还会有更多更好的发现。这源于创新的力量。

刘海涛将自己献给了微型小说，重拾微型小说这个被遗忘的文化形式，令微型小说走进艺术，走进生活。这对国民的思想觉悟，对国家的文化建设，都具有十分重要的意义。这位在湛江这块红土地上出生、生活、工作和成长的学者，因为偶然的、必然的因素与微型小说结缘。他的名字和"微型小说""湛江"这两个名词发生着紧密的、有机的联系。2011 年第 5 期《微型小说月报》是湛江师范学院的研究专号，里面发表了 34 篇该校师生研究微型小说的论文，专家在卷首语中这样写道：湛江是中国乃至世界的微型小说研究中心（雪弟）。湛江是中国南端的城市，微型小说的评论也处在比较前端的位置（申平）。湛江师范学院是中国微型小说研究的大本营，起着引领作用，功不可没（凌鼎年）。这些话语鼓舞了刘海涛以及他的学生，鼓励着他们在未来继续坚持开展更深入的微型小说理论研究。

刘海涛的学术人生正像精短的微型小说，虽然简单，却充满跌宕与精彩，显现哲思与诗意。他在微型小说的世界里，创造了属于自己的"巨型人生"！

第二节　网络世界里的 "潮人教育"

在科学技术突飞猛进的时代，网络技术给人们的生活带来了翻天覆地的变化。网络不仅影响着政治、经济，也影响着文化、教育的发展。善于利用网络上的各种资源，将网络与教育有机结合起来，已是新时代背景下教育发展不可阻挡的趋势。作为一名出生于 20 世纪 50 年代，成长于 60 年代，下乡于 70 年代，工作于 80 年代的高校教师，刘海涛却能在网络尚不发达的年代抓住网络的 "牛鼻子"，成为紧跟时代步伐的网络 "潮人"。

一、 沉醉微博， 让文字飞扬

出生于 20 世纪 50 年代的刘海涛，直至 1994 年才开始接触电脑，1997 年开始使用网络。刘海涛深刻体会到：电脑能帮助我们写作，网络能提升我们的阅读量。"文章过去是爬出来的，现在是敲出来的、说出来的，将来可能是想出来的。"刘海涛用三句话生动地概括出科学技术的进步为写作带来的新变化。虽然如此，但网络还没有给写作带来一场真正的革命，刘海涛苦苦探索着。直到 2012 年，刘海涛开始了 "微博＋扎客＋百度" 的综合应用，并从中获得了利用新技术进行阅读和写作的快乐。

2012 年 8 月，刘海涛注册了两个个人微博（新浪和腾讯）。微博给刘海涛与学生的交流提供了新方式，这种变化为学生的阅读方式、写作方式提供了别具一格的体验，让学生获得了飞扬文字的快感。

刘海涛充分挖掘微博 "浅阅读" 的魅力。"浅阅读" 就是 100 字左右的微博式导读语，即可以用精练的语言概述微型小说的核心细节或情节梗概；可以用夹叙夹议的方法一边叙述微型小说的题材或立意，一边议论这个题材或立意的社会价值或文学价值。在刘海涛的写作和微型小说研究中，微博式导读语的写作，已经成为一种新方式的记叙文、议论文、教育叙事文，这是一种阅读方式和写作方式。同时，刘海涛借助这种方式来创作"微小说""闪小说",这是一种写作文体的创新。借助微博平台,除了链接作品的原文外,还可以链接专家、同行以及网民的评论,有条件、有必要时还可以链接直观的图片和视频,使一篇"新形态微型小说"有可能成为人们阅读的名篇,成为大家议论的话题,成为教育的案例。这便是一种新的文本表达方式的发展。

刘海涛对微博的利用不仅仅停留在"写"的层面,还延伸到"说"的层面。在他看来,我们可以通过转发微博来学习语言、提高写作能力。刘海涛认为,微博上转发次数较多的信息,往往是被多数人认可、得到很多人欣赏的。这些微博虽然不是名家所撰,但它的广泛流传体现了民间语言的智慧,是可以代表当今语言水平的精短范本。这样的范本,便是刘海涛所说的"草民微博"。从"草民微博"中学习语言的措辞、结构、修辞,可谓一种全新的学习方式。当我们认为这条微博写得好时,就会认真分析它的表达内容和形式,会选择它作为与学生、文友分享的对象,作为与学生、文友讨论的话题。转发微博的方式有"原文转发"和"改写转发"。无论是哪种方式,最为关键的问题是,我们需要认真地、可能是多次地阅读微博文本,读懂它、改造它、完善它,在内心用一种专注、反复的态度去思考它、体味它。这实际上是让读者启动了一个琢磨语言、完善语言、分享语言的内化程序。

在 21 世纪的今天,微博已是一种应用广泛的社交平台,刘海涛借助这一平台,使文字自由穿梭、自由飞扬、自由转换。这不仅是一种新技术的成功利用,更是一场写作教学的改革。

二、 钟情扎客, 让读写自如

借助微博,刘海涛能够通过链接来构建一个浅阅读与深阅读结合的新式超文本,但从海量的网络中精选并链接文章,是一件非常费时的事情。如果借助"扎客",这些问题则可迎刃而解。

扎客是一种互动分享和个性化定制的阅读软件。它具有将微博、博客、报纸杂志、网络新闻、图片、RSS 等众多内容,按照用户个人的意愿

聚合到一起的特点。即扎客可以按照个人的意愿将与主题相关的散布于上千种刊物或网站上的文章筛选出来并进行加工，以清新的形式展现，为读者创建一个既有链接，又有截图；既有阅读导语，又有拓展阅读的新式超文本。初接触时，刘海涛便开始思考如何利用扎客进行教学创新。

每天上午 8 点，刘海涛都利用扎客浏览 50～80 条文章标题和导读语，然后点开 3～5 篇比较感兴趣的、与研究课题相关的文章。对于他理解了、读懂了、消化了并认同了的文章，刘海涛就写上一句或几句推荐和评价的话，然后通过微博与学生、文友分享。这样就使微博和扎客共同组成了一个浅阅读和深阅读相互结合、相互依托并相互取长补短的超文本阅读单元。通过这种读写的分享，刘海涛不但实现了与学生、文友的读写交流，还提升了自己的读写能力。

借助扎客，刘海涛获取了经过专业团队加工的、内容和形式都比较完美的资讯——最新的专业知识、最新的专业动态、最新的研究成果，同时能及时记录当时的思考。简要地说，他的阅读是高质量的，他的写作是快速的，他的读写是快乐的。这基本符合现代人学习方式的转型，符合教育的真正本义。如今，刘海涛已近花甲之年，在新技术、新文体的"诱惑"下，他与"90 后"的学生站在同一条起跑线上，重新开始他的阅读和写作。通过扎客，在"浏览选择—收藏分类—精读评点—微博推荐"的过程中，他进行了非常专业的阅读，并从中获得了快乐。

三、 牵手微信， 让资源共享

微信，已成为当今最为流行的聊天工具。微信是腾讯公司于 2011 年初推出的一款快速发送文字和照片、支持多人语音对讲的手机聊天软件，用户可以通过手机或平板电脑快速发送语音、视频、图片和文字。微信提供公众平台、朋友圈、消息推送等功能，用户可以通过"摇一摇""搜索号码""附近的人"、扫二维码等方式添加好友或关注公众平台，同时可以将内容分享给好友，并将看到的精彩内容分享到朋友圈。

微信对于一般人来说只是一种普通的聊天工具，然而对刘海涛而言，则是一种强大的教学资源分享平台。

目前很多微信文本均由专业公司制作，经过多层次、多人的选择与转发，其水平和质量均超过以前的微博文本和博客文本。刘海涛认为，利用微信建立朋友圈，选择需要的、喜欢的公共微信号（"品读时光""为你读诗""逻辑思维"等）进行关注和定制，每天将自己喜欢的、感兴趣的微信超文本进行收藏和转发，可以达到分享学习资源的目的。

刘海涛准备借助微信打造一个传播更广的教育公众平台。他认为，优质的教育微信公众平台具有非常重要的应用价值。首先，它能提供有忠诚度与活跃度的学习者。加入微信公众平台的人大都是写作爱好者，甚至不乏出版社人员和媒体人，长此以往，这将形成一股力量，让写作产生更加广泛的影响力。其次，可以为学习者提供有价值的学习内容。微信公众平台最明显的功能在于阅读和推送，简单地说，每个收听公众号的人都是主动获取相关资讯者，学习效果更直接、更有效。再次，微信公众平台是一个天生的CRM（关系管理工具）。它给人们提供了分组、资料查看等功能，每个订阅者背后都会自动形成一个数据库，这个数据库可以自己管理。最后，可以实现对学习者需求的调查。通过微信可以对学习者的学习状况、学习动机、学习愿望等进行调查，进而为学习者提供更好的学习资源。

刘海涛并不仅仅希望建立一个微信公众平台，更希望将微信公众平台连成微信矩阵，全方位覆盖"新读写、新阅读"的各个方面，从而形成更大的影响力，开创教学新天地。

第三节　网络教育里的 "圣火盗者"

刘海涛曾说："在高新技术和网络环境的支持下，整个人类的工作方式和生活方式正逐渐转型；在教育改革和课程改革的背景中，所有学生的学习方式和教师的教学方式正酝酿着革命。在这样的时代里学习、工作、生活，需要从比较高的层面和比较开阔的视野来反思生命存在和学习范

式。"作为在网络中浸润多年的教育专家，刘海涛凭借着睿智的眼光、敏锐的洞察力，始终走在时代前沿，将网络与教育有效整合，为高校教育改革推波助澜，可谓网络教育里的"圣火盗者"。

一、 专题学习网站——创新课程建设方式

建设专题学习网站，是刘海涛利用网络技术创新课程建设的方式。刘海涛虽是"50后"，却是名副其实的网络达人。

2002年，刘海涛建立了微型小说专题学习网站，主要分为六大模块——学习模块、创作模块、欣赏模块、研究模块、教学模块和资源模块。网站大胆引进博客技术，使课程形态完成了从传统到现代的转型。2004年，刘海涛在微型小说专题学习网站的基础上进行"扩容"，形成了在写作界颇有影响的"华文写作在线"。"华文写作在线"教学网站集教育、写作、文化于一体，主要为以汉语为母语的人们提供华文写作训练和指导。网站以信息化校园里的现代教育技术为手段，以科学的教育理论为指导，把高师写作系列课程与网络信息技术融合为一，推行一种"审美型阅读、研究式学习、创造性写作"的教学理念，改变传统的"以教师为中心"的教学模式，构建一种既能发挥教师的主导作用，又能充分体现学生主体作用的新型教学模式，在此基础上实现高师写作系列课程的教学内容、教学手段和教学方法的变革。① 在这一学习网站上，师生可以根据学习的需要把精彩的文章改造成研究社会、研究人生、研究历史的案例，并对之进行研究、讨论、分析、归纳。在这个研究性学习过程中，学生会对过去学过的知识进行整合、重组和创新。"华文写作在线"专题学习网站的建设，是写作教学从传统走向现代，从封闭走向开放，从单一走向多元的开始。刘海涛是写作教改的探索者，是网络写作的实践者，他开创了写作教学新模式。对于写作课程的建设，他完全颠覆了传统的方式，而是大胆借助网络技术，打造了一种海量的、数字化的、立体化的课程。这是写

---

① 刘海涛，谭荣波．"华文写作在线"教学网站的构建与应用［J］．应用写作，2004（10）．

作课程建设的创造性变革。2005 年，"华文写作在线"专题学习网站获广东省高校现代教育技术"151 工程"优秀项目三等奖。

二、 专业教学博客——创新教学方式

刘海涛十分注重把博客平台整合到教学中，这不仅创新了教学方式，还拓展了教学时空。

博客，又称网络日志，是一种通常由个人管理、不定期张贴新的文章、图片的网页。博客上的文章通常根据张贴时间，以倒序方式由新到旧排列。许多博客专注于在特定的课题上提供新闻或评论，其他则是比较个人的日记。一个典型的博客结合了文字、图像、其他博客或网站的链接及其他与主题相关的媒体。"评论"能够让读者以互动的方式留下意见，是许多博客的重要组成要素。

基于博客的教学是指利用博客这种网络应用形式开展教学活动，即将博客技术与教学的实际需要相结合，立足教与学的实际应用，是一种个性化的教学方式。基于博客的教学突破了常规远程教学的局限，以提供符合教师和学生实际需求的教学服务为诉求，不是简单地在社区论坛中增加一个发布功能，而是开创性地将"博客"作为互动平台，为教师与学生提供实时多向交流。

2005 年，刘海涛在敏思博客网站（已关闭）注册了一个教学博客。这个教学博客具有以下四大特点。

第一，与传统媒介相比，博客的信息发布和传递方式更快捷。常用的传统教学媒介有黑板、广播、报刊等。在信息发布和传递方面，博客与其具有相似的地方，即博客所发挥的同样是传递教学信息的作用。博客的知识性、自主性、共享性，决定了基于博客的教学是一种用个人知识与他人共享的网络信息传递形式。因此，开展基于博客的教学就是教师通过博客针对某个领域的知识进行传播，以引导学生积极参与教学，达到教学目标。

第二，与专题网站相比，在博客上发表文章，其内容、形式及方式更

为灵活。专题网站是开展以某一课题为主题的网络教学平台，课题的信息往往首先发布在自己的网站上，常以研究成果的形式出现，内容和表现形式往往是比较严肃的；在博客上发表文章，其内容、形式及发表方式是多样的，因而更容易受到学生的欢迎。此外，基于教学的博客常常拥有一个稳定的读者群，与教学内容密切相关的文章通常会获得他们的关注，在推广效率方面要高过一般的专题网站。博客应用方便、灵活的特点，使得它可以作为专题网站的一种有效补充。

第三，与门户网站相比，在博客上发表文章具有更强的自主性。在门户网站发表文章，是常用的网络教学方法，但是什么时候发表，发表什么样的文章，自己没有自主权，需要先将文章发送到网站由网管筛选、编辑后才可能获得发表；在博客上发表文章，其内容、时间不受他人制约，是最高效的。

第四，与网络社区相比，在博客上发表的文章显得更具针对性。在网络社区（如论坛等）发表文章，是早期网络教学常用的方式之一，但以这种形式发表的文章，读者对象宽泛，针对性不强，互动层次不多，因而不论是教师，还是学生都热情难继。特别是一些刚刚接触网络的"新手"，读者量少，文章在浩如烟海的网络中很难产生影响。与此相比，博客的优势在于，其所发表的每一篇文章都是一个独立的页面，每一篇文章都有稳定的读者群，每一篇文章都很容易被搜索引擎收录和检索，这样使得博客文章具有长期被读者发现和阅读的机会。

在博客教学实践中，刘海涛已建成富有特色的博客集群——"微型小说沙龙""当代名篇鉴赏""名著研讨论坛""博客教育论坛"等，为具有不同爱好的学习者提供了专业化研究平台。

三、 多元微博论坛——拓展交流方式

个人微博是刘海涛教学创新的又一个尝试。刘海涛认为，微博是他进行教学以及指导学生进行研究性学习的另一个课堂。

微博，是一个信息分享、传播及获取的平台，用户可以通过电脑、手

机以少于140字的文字更新信息，并实现即时分享。

专家认为，微博传播具有速度的即时性（微博实现了电脑与手机的终端融合，使内容的传播速度比其他媒体更便捷、更迅速）、内容的自主性（微博既是一个传播平台，又是一个内容自创的平台，人人都可以成为制造者、见证者、传播者、评论者）、方式的互动性（微博信息传递聚合了一对多、多对一、多对多等多种形式）等特点。刘海涛希望借助微博，让更多的人来分享有趣的书和有味的课；有效提高学习者的写作能力，培育学习者的写作兴趣；让媒体人、出版人看到课程的价值。刘海涛把以传授知识为主的课堂教学与以直接获取经验为主的微博交流相结合，打造了多元课堂，促进了学生专业化成长。他坚持每天在微博上发表自己对生活、教育的感悟，记录自己的生活、工作。

刘海涛的教育理念无疑是超前的，他敏锐地抓住了时代的脉搏，利用微博的特点，通过这种多样化的学习方式把协作性、参与性、生成性有机融合在一起，真正体现了教师的主导作用、学生的主体地位。这不仅让学生具备了"行动能力"，更重要的是，由于刘海涛所创建的个人微博包含课程的创建与管理、活动的协作与竞争、问题的讨论与探究等功能，学生可以自主参与，这为学生创造能力的获得提供了极大的可能。基于微博的教学模式改变了传统教学对感性理解、动手能力、跳跃性思维培养重视不足的弊端，这才是最本质、最有活力的学习模式。

"我的教育就是让每个人都能发挥主观能动性，这就要借助新的网络平台。每个人创作自己的媒体，通过这个媒体来发挥自己的主观能动性，使潜藏的学习能力、创作能力得到发展。"

刘海涛基于微博的教学模式，为学生提供了一个开放的学习环境，将过去被动的、填鸭式的教学范式变成了一种主动的、研究式的新型教学模式。微博，使学生和教师的交流更加轻松，思想碰撞的火花时而闪现。

网络技术使得教学改变了粉笔和黑板这种单一的教学形式。在这种背景下，精力付出最多、心理负担最大的是一批承上启下的"77级"教师。网络的出现与广泛应用使他们发现，过去学过的东西、在教学中用过的东西开始过时了。在发展中，他们要扮演一个既能替老一辈分忧，又能为新

一代指导的角色，但这种角色无疑是艰难的。"77级"，行吗？

"'77级'作为一个时代的标志，他们确实辉煌过，但到了'77级'退出历史舞台时，他们仍然会以70年代末的那种苦读精神来重新摸键盘，会以一生的顽强精神和进取的姿态告诉世人——'77级'还行。"

"我虽然是学文科的，但对于现代科技却充满了好奇。我心里一直有个想法——现代科技能否帮助人提高写作能力并让写作成为一个快乐的过程？"

刘海涛作为特定时代的"77级"大学生，以一个时代弄潮者的勇敢与无畏、创新与探索，走进新时代，探索新世界，传递新知识，最终成为网络教育里的"圣火盗者"。这是一个追求理想的过程，也是一个生命蜕变的过程。

21世纪是知识经济时代，刘海涛紧跟时代步伐，更新思想、转变观念，在不断学习和钻研的基础上，将理论与实践相结合，提出要以新理念、新方法、新教材、新技术来指导学生学习的教育新主张。

中篇 教育主张

第三章 研究式活动

21世纪是知识经济时代，创新是知识经济时代的灵魂。对于教育者而言，要着眼于培养具有创新意识和创新精神的人才，这就需要教育者具有富有创意的教学理念。

作为一名大学教师，刘海涛紧跟时代步伐，不断创新自己的教学理念，一直用新理念、新方法、新教材、新技术来指导学生进行研究性学习，力图培养富有创新能力的人才。经过探索和实践，他提出了"研究式活动"的教育主张，顺应了知识经济时代的要求。

第一节 研究式活动的内涵

18世纪以来，"研究性学习"在西方各种大型思想运动中被多次倡导过。到了20世纪90年代，随着全球化浪潮和知识经济时代的来临，研究性学习正式成为教育领域的一个世界性主题。刘海涛敏锐地抓住时代脉搏，提出了"研究式活动"的教育主张，这一主张赋予了"研究性学习"新的内涵，实现了"研究性学习"在内涵和形式上的创新。

一、 研究式活动的含义

一直以来我国学术界对"研究性学习"的概念没有给出严密的界定。有人把它理解为一种课程形式，有人把它理解为一种学习方式，也有人把它理解为一种理念或教学方式。研究性学习的概念在我国最初由上海市教

育科学研究所为进行课程改革而首次提出的，后经研究实践，得到我国教育界的关注，教育部于《全日制普通高级中学课程计划（试验修订稿）》中给出了描述性定义：研究性学习以学生的自主性、探索性学习为基础，从学生生活和社会生活中选择和确定研究专题，主要以个人或小组合作的方式进行。学生通过亲自实践获取直接经验，养成科学精神和科学态度，掌握基本的科学方法，提高综合运用所学知识解决实际问题的能力。在研究性学习中，教师是组织者、参与者和指导者。刘海涛的研究式活动相对于研究性学习，有着更为广泛的内涵和外延。换一种说法，即研究性学习只是研究式活动的一个方式。

刘海涛说："教研与科研是教师专业发展的基本保证。"因此可以说，刘海涛提出的研究式活动除了包括学习方面的研究活动，还包括教学研究和科学研究两方面的活动，即我们需要从学研、教研和科研三个方面来理解刘海涛提出的研究式活动。研究式活动是指研究者（包括学生和教师）在一定专业理论知识的指导下，从自然、社会和生活中选择并确定专题进行研究，在研究过程中主动获取知识、应用知识、解决问题的探索性活动。

二、 研究式活动的理论基础

（一）后现代主义哲学

后现代主义强调事物的多样性、差异性、零散性、特殊性和多元性，主张用多样的知识形式去超越、统一现代哲学。它还主张瓦解"给定"世界，代之以一个"生成"的世界，而生成即建构，这为研究式活动提供了理论基础。刘海涛提出的研究式活动是一门探究性和实践性较强的学习活动，其重视建构性和开放性，重视隐喻与自组织，重视活动主体的差异性和多样性，主张通过多种方式和多种形式去开展探究活动，这恰好体现了后现代主义哲学的观点。

（二）新知识观

新知识观认为知识具有文化性、情境性、建构性、社会性和复杂性。从知识的文化性、建构性、社会性我们可以看出，新知识观认为知识并非是客观的，知识的获得受学习者自身、社会历史背景等因素的影响，学习结果可以是多样化和个性化的。刘海涛提出的研究式活动注重有效的学习环境的设计，强调合作学习，重视丰富的学习资源的设计，注重隐性知识的获得和私人知识向公共知识的转化，完全打破了传统的接受性学习和教学，体现了全新的知识观念。

（三）建构主义学习理论

建构主义学习理论是研究式活动最为直接和主要的理论基础。建构主义认为，学习过程不是学生被动地接受知识，而是学生积极地建构知识的过程，学习者不是被动的信息吸收者，而是主动的建构者；建构主义强调，学生在日常生活和以往的学习中已经形成了丰富的经验以及基于这些经验之上的一系列认知结构，对一些问题都有自己的看法；建构主义还认为，学习主体结构中的许多因素都会影响学习结果，而在知识学习过程中起决定作用的因素是学生原有的认知结构。刘海涛提出的研究式活动具有以下特点：注重问题的解决、注重合作学习、活动主体拥有学习的主动权、鼓励活动主体检验和积累各种不同的观点、充分发挥计算机和网络的作用、评价方式采用过程评价。研究式活动的这些特点，都是在建构主义理论的基础上发展而来的。因此，建构主义学习理论是刘海涛研究式活动最为直接和重要的理论基础。

三、 研究式活动的特点

刘海涛所提出的研究式活动并不是一种新的学习方式，它是当前教育改革背景下提供给研究者的一种获取学习经验、研究成果的基本框架。在此框架中，研究者从问题出发，通过一系列的研究性活动，分析和调查现

实中遇到的问题，在共同的探索活动中寻求解决问题的方法和途径，提出自己的观点，从而形成自己的研究成果并在实际的学习中进行有效运用。

（一）探究性

美国学者萨奇曼指出，探究活动是人类学习的一种基本方式。萨奇曼的观点是刘海涛研究式活动实质的最好注释。刘海涛认为，研究式活动是一种以"探究"或"研究"为核心的活动，它的主题常常涉及现实问题，发现问题、提出问题并在一定程度上探究问题是其基本活动。在研究式活动中，研究者要综合运用所掌握的知识和技能，发现问题、选择课题、制订研究方案，在生活情境或社会背景、现代媒体和传统媒体中运用一定的手段自主收集信息和资料，并对信息和资料进行分析、整理，最终形成研究成果。在这一过程中，每一个环节都离不开主体的探究活动，包括对问题的探究、对解决问题的手段及方法的探究等。探究不仅是活动主体寻求和理解信息的重要方式，还是活动主体进行思考的一种重要途径，因此，探究性是研究式活动最本质的特点。

在教改中，刘海涛将教学和科研捆绑在一起做，这就是一种"教研创"思想的体现。所谓"教研创"，即教学、研究、创作。刘海涛以大学写作教学为例，开展"教研创三位一体"的课程活动，将教学、研究、创作有机地融合在一起，形成了富有创新特色的研究式活动，这给学生开展研究式活动提供了很好的范例。

"教师的综合素质和能力水平常常体现在他既能出色地进行教学，又能有效地从事语文（写作）课程的改革和教研，还能身体力行地从事创作活动，并以一些优秀的成果打造、凝练自己的知名度，从而对学生形成一种潜移默化的影响。"

刘海涛对教师专业化要求的阐述，恰如其分地阐明了研究式活动是一个动态的探究性活动，从其更为广泛的内涵和外延体现了研究式活动的探究性特点。

（二）生成性

研究式活动旨在通过一系列的探究或研究活动，使研究者在自主探究的基础上解决现实中遇到的问题，从而形成实践能力，这是一个生成的过程。在这一过程中，研究者有更多的机会根据自己的经验和认知参与各种创造性活动，促进自我意识的发展。研究者能够在研究式活动过程中提高解决问题的能力和思考能力，体验到多种探究学习的经历和经验，进而构建自己对某一探究问题的理解和认知。这些都是一种生成性知识的获取，体现了研究式活动的生成性特点。

（三）实践性

传统的研究式学习强调理论与社会、科学和生活实际相联系，关注现实生活中遇到的问题，这就要求研究者要密切关注生活，亲自参与社会实践活动。刘海涛的研究式活动所强调的实践，是指研究者要做到亲身参与、主动实践、自主研究。这里的实践，不仅仅是社会实践，还包括探究问题、解决问题、获取研究成果的各种实践性活动。

在网络环境下，刘海涛所倡导的研究式活动还有一个显著的创新点，即"网络平台化"，这是研究式活动另一个创新的实践途径。所谓"网络平台化"，是指充分利用网络所提供的平台，引导学生了解社会生活，引导学生亲自参与社会实践活动，使网络成为学生学习、研究、生活的伴侣和助手。

在研究式活动中，刘海涛利用网络技术创建了"精短文学的阅读与写作"（博客）、"小小说的刘海涛"（微博）、"快乐读写说"（微群）、"网络时代的新读写"（微刊）等教学平台，此时网络成了学生研究、实践的媒介。"让电脑成为外脑、让网络成为书柜、确立研究兴趣和研究中心"是被动的、填鸭式的学习方式向主动的、研究式的新型学习范式转变的三个鲜明特点，这体现了刘海涛研究式活动中"网络平台化"的实践性特点。

（四）合作性

研究式活动通常是以"教师指导，学生合作"的形式开展的。学生参与了教师的科研、教研项目后，在教师的指导下，以课程论文、学年论文、毕业论文的形式去研究教师布置的课题或自选的课题，进而形成有一定水平的学术成果。在这一过程中，师生有为之努力的共同目标，有各自独立的任务，既有分工，又有合作，各展所长，协作互补，共同解决问题。师生的共同参与、教学的多项互动，形成了研究式活动"教学共同体"的合作性特色。

四、 研究式活动的意义

（一）建设了以培养科研能力为主要目标的研究型课程

研究式活动不仅仅是一种学习或教学方式，更是一种能使学生和教师实实在在体验到的研究型课程，它创新了课程理念和课程形态。在高等师范院校的中文专业中建设研究性课程，提炼"体验课程""生成性课程"等，使其过去的课程形态由单一、单调走向丰富、多样，充分激活了学生的学习积极性和创造性，为教师教育提供了一个可做分析研究的课例。

如刘海涛的"微型小说学研究"选修课，把传统选修课"告知式的教和接受式的学"的预设性课程改变为一种学生"亲自参与、主动实践、自主研究"的生成性课程。在课程实施过程中，学生并不是获得预设的知识，而是在教师的指导下去探究未知的、不确定的知识和结论。这是一种回到教育本义、发挥大学培养创新人才功能的课程理念。

（二）确定了努力的方向

在研究式活动中，教师不再是传统的知识灌输者，学生也不再是被动接受知识的容器，二者都成为锐意创新的创造者和掌握着较强科研技能的研究者。研究式活动确定了研究者努力的方向和目标——将学习与科研紧密结合起来,努力提高自身专业能力,从而能一边学习,一边进行科研。

(三) 构建了多种网络学习平台

在研究式活动中,教育新技术得到了较好的利用,除了网络课程外,各种网络社交平台(如博客、微博、微刊、微信等)也被充分运用,这为研究者的研究活动提供了实践的平台,使得研究者的学习成果有了较多的发表园地。

第二节　研究式活动的实施

近年来,随着学习型社会的建立和教育改革的推进,学生的主体性发展备受关注。培养学生的主体精神、发挥学生的主体作用、尊重学生的主体地位、突出学生的主体价值,被认为是现代教育的重要内容。然而,传统的灌输式教学和接受式学习是难以培养学生的创新能力和主体意识的。刘海涛认为,教师不应只是"传道授业解惑者",还应是学生学习的引导者,教师不仅要掌握专门领域的知识,还要了解相关领域的知识,而这恰恰是研究式活动对教师的要求。

一、　研究式活动的实施条件

研究式活动改变了传统的学习模式和思维模式。如果教师、学生忽视研究式活动所带来的根本性变化,只追求形式上的新奇,则可能无法发挥研究式活动的潜在价值,甚至歪曲研究式活动的教育意义。可见,研究式活动只有在符合条件的基础上,才能有效实施。

(一) 自由探索的环境

自由探索的环境是指研究式活动的主体可以自由寻找自己所需要的信息,并且自由地发表观点和看法。刘海涛认为,研究式活动是一种主动发

现问题、获取知识、应用知识、解决问题的探索性活动，探究性是其显著特点。因此，自由探索的环境是研究式活动实施必不可少的条件。只有在自由探索的环境中，研究者才能尝试运用新的观念或创造新的方法来解释、说明他们所要研究的问题，并最终获得新的研究成果。也就是说，自由探索的环境是研究式活动顺利开展的前提条件。

（二）积极响应的环境

积极响应的环境是指支持探索活动的环境，包括课堂、实验室等场所中所有能提供探索机会的环境，而不是那些无效的课堂教学和讲授。刘海涛认为，在现代的教育活动中，教师要享受教学过程，学生要享受学习过程，这样大家才能真正体会到研究带来的快乐。研究式活动通常有一个短期目标，研究者朝着这个短期目标开始自己的项目研究。这一过程将是一个艰苦探索的过程。因此，只有在积极响应的环境中，研究者才能以一种积极的心态开展研究活动，克服研究过程中遇到的种种困难和挫折，最终取得研究成果，并体验到研究所带来的成就感。简单来说，研究式活动只发生在时刻准备为探索活动提供帮助的环境中，积极响应的环境是研究式活动顺利开展的基本条件。

（三）问题解决的环境

研究式活动是一种旨在发现问题、解决问题、获取新知识的活动，是一种有目的、有目标的活动，它的最终目的是解决问题、获取新知识。在这一过程中，确定要研究、解决的问题是研究式活动开展的前提，它直接指向某一个目的或某一种解决问题的方法。刘海涛认为，只有在一种基于问题解决的环境中，研究者才能对某一事件、事物、条件或心中的疑问进行探索，从而确定研究式活动的研究方向和研究方法，开始研究式活动。因此，基于问题解决的环境是研究式活动顺利开展的重要条件。

二、 研究式活动的实施流程

（一）研究式活动的开始

刘海涛指出，研究式活动总是从选择一个适当的研究课题开始的。对于研究者来说，开展研究式活动的首要任务是评价研究课题的可行性。这时，研究者不仅要对整个课题有所了解，还要把握研究学习的现有环境以及研究式活动开展过程中可能遇到的问题。

1. 选择课题

在研究式活动的开始阶段，最为重要的是进行课题的选择。基于问题解决的研究式活动，其前提是"问题"，即所要选择的课题。课题的选择在一定程度上也意味着研究项目的确定。研究项目的确定，是指根据教学任务，对教材中的某一知识进行补充、扩展和升华，从而形成有价值的专题作业，或者从学习材料中摄取丰富的信息，从中提炼出有意义的问题供研究。[①]

2. 制订目标

研究式活动实际上是研究者为完成一个明确的目标而开展的一系列活动，因此，在确定了要研究的课题后，就要明确活动最终要达到怎样的目标，获得怎样的成果。只有确定了目标，才能使研究式活动有方向可循，从而为研究式活动的开展打下坚实的基础。

3. 准备工作

准备工作主要包括思考研究过程中所要采用的方法和步骤；准备需要用到的文献资料、传媒工具、活动环境等；挖掘和设计开放性问题，准备调研；预设活动开展过程中可能遇到的问题，并预设解决问题的途径；形成一份完整的实施方案。

---

① 王林发. 研究型教师培养的"项目学习"教学模式 [J]. 教育研究，2010（8）.

（二）研究式活动的开展

刘海涛指出，研究式活动是一个"提出问题—寻求答案—对事物进行深入了解"的过程。在完成研究式活动前期准备的基础下，研究者根据相关的主题（包括科学技术的、社会的、数学的、文学的、历史的等）提出一定的问题，收集相关的信息并进行分析，提出自己的观点，在活动和体验的过程中得出相应的结论，并发表自己的观点和想法。

1. 进行调查

调查活动是研究式活动开展的第一步，即研究者针对某一问题进行调查，收集相关信息和数据。开展调查活动是研究者获得第一手信息最为重要的方式。

2. 发现问题

开展调查活动并收集相关信息和数据后，研究者要针对某一研究主题开展一系列探索活动，明确研究项目的意义，发现问题。在发现问题的过程中，要注意这样几点：（1）概念的理解；（2）内容的认识；（3）思维的过程；（4）交往的技能；（5）技巧的运用。

3. 探究活动

发现问题后，研究者要进行探究活动，以解决问题，获得新知。在这一过程中，研究者要明确研究的问题、解释问题产生的过程及原因、解读和分析问题，包括运用现代教育理论剖析问题、总结经验、提出应对策略和进一步研究的方向等。

（三）研究式活动的结束

研究式活动的最终目标是获得研究成果。因此，研究式活动的后期活动也很重要。

1. 作品制作

作品可以是学术论文，也可以是调研报告等。其表现形式可以是以课件进行演示、汇报，回答同学、老师的提问，也可以撰写一份研究报告，答辩时递交评委会。

2. 成果交流

研究者完成任务后，不要急于展示成果，而应对别人提出的问题进行深入分析和研究，积极与相关人员交流和讨论，然后进行梳理、归纳，以促进思维能力的提高。

3. 评价

评价主要考查研究者的教育研究素养，倾向鼓励性。比如，感悟、体会解决问题过程中的得失，思考下一步的打算或某个问题解决后有什么新的问题出现，计划如何解决新问题等。

三、 研究式活动的实施要求

研究式活动是典型的理论与实践相结合的学习方式，对提高研究者的专业素养和研究能力具有重要意义。

（一）研究目标必须明确

课题的选择首先要考虑满足学习任务的需要。对于那些符合本学习任务的课题，可以酌情予以直接采用；对于那些不太符合本学习任务的课题，酌情加以改造；对于那些基本处于空白状态的课题，可以根据本学习任务的需要着手开发。

（二）研究模式必须恰当

开展研究式活动一般采用合作探究的方式。一个团队要发挥作用，关键在于长短互补，形成合力效应，如果"各自为政"，将无法达到活动目标。刘海涛认为，研究式活动应该服务于学研、教研与科研，要满足研究者从不同的角度选择研究内容的需要，培养其实践能力与创新精神。

四、 研究式活动的实施案例

下面以研究式活动成果——论文《文体创新理论和作家创新实践》的

形成过程为例，对研究式活动的实施做进一步的阐述。

该论文分为四部分。第一部分，从微型小说艺术创意入手，旨在说明创意在微型小说创作中的重要性，并运用具体案例来阐明创意的过程以及创意的来源；第二部分，在微型小说创意理论的基础上，进一步提出情境创设在微型小说中的关键作用，说明情境的创设是如何将作品的内涵从有限变为无限，让读者于咫尺间体味到万里长江之势的；第三部分，关注微型小说中的人物语言，看成功的微型小说作家是如何在短小的篇幅内通过妙用人物语言改变叙述人称、凸显人物性格特征，从而揭示故事内涵的；第四部分，对微型小说名家蔡楠的"新式"系列作品进行研究，从作品的主题和结构入手，深入分析作家的创新实践，准确把握作品中的深层内涵并探讨现代微型小说的发展趋向。

（一）开始阶段

1. 选择课题

研究者从微型小说的艺术创意入手，依据创意在微型小说创作中的重要性，从情境创设在微型小说中的关键性作用、微型小说中的人物语言以及微型小说名家蔡楠的"新式"系列作品等方面，对微型小说的创意进行了补充、扩展和升华，并从微型小说的创作中提取丰富的信息，从而形成了"文体创新理论和作家创新实践"这个有价值的课题。

2. 制订目标

研究者开展课题研究最终的目标是撰写并发表论文——《文体创新理论和作家创新实践》。

3. 文献研究

研究者通过查找与微型小说情境创设、人物语言以及这一领域的名家等相关的资料，为"文体创新理论和作家创新实践"这一课题研究做好充分的准备。

（二）开展阶段

1. 发现问题

在论文的第一部分，研究者先从微型小说的艺术创意入手，说明创意在微型小说创作中的重要性；接着在第二部分从微型小说创意理论的基础入手，进一步提出情境创设在微型小说中的关键性作用，说明情境的创设是如何将作品的内涵从有限变为无限的。这一过程是一个发现问题并不断深入研究的过程。

2. 活动探究

从情境创设在微型小说中的关键性作用研究，到微型小说人物语言的研究，再到微型小说名家蔡楠"新式"系列作品的研究，是研究式活动不断深入的探究过程。在这一过程中，研究者阐述了与微型小说的情境创设、人物语言、小说名家等相关的问题，为进一步的研究提供了经验。

（三）结束阶段

1. 作品制作

"文体创新理论和作家创新实践"的研究成果以论文形式表现。

2. 评价

"文体创新理论和作家创新实践"主要针对"文体创新"和"作家创新实践"进行研究，目标较为明确，研究层层推进，满足了研究者的需要。

第三节　研究型教师的研究式活动

著名教育家苏霍姆林斯基说过，如果你想让教师的劳动能够给教师带来乐趣，使天天上课不至于变成一种单调乏味的义务，那你就应当引导每一位教师走上从事研究的这条幸福的道路上来。刘海涛从踏上讲台开始，就走上了研究之路。他开设的课程贯穿着自由、独立、创新的精神，彰显

着以人为本的理念。他具有理解、尊重、关爱学生的人格品性和强烈的社会责任感，具有独立的文化人格以及理性质疑、科学批判、积极创新的意识。

教师即研究者。所以刘海涛认为，适应当代教育发展趋势、掌握教学研究技能，成为研究型教师，是教师最好的选择。

一、 打造研究型教师的必要性

刘海涛认为，一名优秀的教师，其课程和教学必定也是优秀的。课程创新，才能提高教学质量；教学出彩，才能吸引学生。而这些都需要研究型教师来完成，所以刘海涛认为培养研究型教师是很有必要的。

（一）时代发展的需要

随着新课改的深化，广大教师在实施新课程、使用新教材上面临着前所未有的挑战。当课改浪潮迎面扑来时，传统的教师角色也骤然转型了——教师已由课程的被动实施者转变为课程的主动建构者，已由课堂教学的管理者转变为学生学习的指导者，已由裁定学生成绩的"法官"转变为评价学生发展的阐释者。可见，培养研究型教师，是时代发展的需要。

（二）能力培养的需要

在新课改背景下，教师要实现专业化发展，不能只停留在一般能力（智力）和专业能力（语言表达能力、组织能力、学科教学能力）的培养上，还要重视教育科研能力的培养。这是一种创新能力，是教师专业化发展必须具备的能力。

二、 研究型教师开展研究式活动的原则

我国新课改的实施，客观上要求教师把基于经验和常规的一般性思考上升为科学的、系统的、专业化的研究。如何培养研究型教师，是促进教

师专业化发展的重中之重。研究式活动作为一种有助于创新的活动，是培养研究型教师最为重要的途径。

研究型教师的研究式活动，是指教师带着自己在课程改革实施过程中遇到的教学问题或学术问题，进行在职、在岗的业务进修，并围绕某个教学问题或学术问题，激活自己所学过的、已经掌握的专业知识去解决问题，最终形成自己的教学成果或科研成果的一系列活动。

研究型教师在开展研究式活动时应遵循一些原则，以使活动开展得更轻松。

1. 立足教学实践的原则

我国学者郑金洲认为，在学校教育教学实践中，没有与教师的日常生活紧密结合在一起的问题，就不会有教师研究的冲动，也常常难以产生持续性的研究行动。教学实践是研究型教师实施研究式活动的活水源泉，教师只有立足于教学实践，在实践中发现问题并开展研究，才能解决教学中存在的问题，促进教学行为的改进和教学效果的提高。只有立足教学实践，教师才能拥有丰富的教育资源，产生持续研究的动力。

2. 促进自身发展的原则

"以教学促研究，以研究促教学"，是刘海涛倡导的"产学研"最为理想的状态。开展研究式活动是促进教师专业化发展的重要途径与方式，教师的研究式活动要与自身的专业发展密切结合起来，通过研究式活动促进自身的发展，最终达到专业化发展的目的。教师在开展研究式活动的过程中，可以反思教学过程，总结教学经验，树立科研意识，掌握科研方法，提高科研能力和水平，进而成为教研能手，促进自身的发展。由此可见，研究型教师开展研究式活动，在一定程度上有助于实现教师的自我价值。

3. 适应时代需要的原则

研究型教师开展研究式活动时，并不能一味按照自己的意愿来开展，而要立足于时代发展要求，根据社会发展需要进行。例如，随着网络时代的来临，如何开发和实施网络课程，如何在教学中运用网络技术提高教育质量等，已成为具有鲜明时代特色的科研课题。适应时代需要还包括适应学科发展的要求。因为学科的发展或学科研究的发展往往与时代发展紧密联系。

4. 追求研究创新的原则

创新是一切研究的灵魂，没有创新，研究就会丧失价值。为此，研究型教师开展研究式活动时要遵循创新性原则，避免因循守旧、重复研究和无效研究。教师要有创新意识和创新精神，重视以独立思维和创造性思维为主要内容的思维能力的培养，重视创新精神的培养；教师要寻找新的研究领域、新的研究问题、新的研究视角，得出新的研究结论。在教学科研中不断创新，不断解决千变万化的问题，从而获得创造性研究成果。

5. 尽量克服困难的原则

在开展研究式活动的过程中，由于各种因素的限制，教师常常面临着非常多的困难。如资料不足、设备不齐、时间有限、科研氛围不浓、传统观念束缚、知识结构不完善、随大流的盲从心理和惰性等。这就要求教师在开展研究式活动的过程中，想方设法摆脱困境，树立"成为研究者"的意识，具备"关注自我发展"的意识，在研究过程中超越自我，成为真正的研究型教师。

三、 研究型教师开展研究式活动的流程

（一）研究课题的确定

开展研究式活动，首先要有题可研。科研选题决定了研究方向，也在一定程度上决定了研究成果。王选教授曾说，科研上取得重大成就的个人和集体几乎都是无例外地选择了好的方向和课题。刘海涛指出，许多教师所面临的科研困境常常是不知道研究什么，觉得无题可研。其实，课题就在身边。首先，可从教材中选题，如教材编选方式的研究、教材内容的研究等；其次，可从教学设计中选题，如学科教学设计研究、教学设计整体研究等；最后，可从课堂教学中选题，从学生身上选题，从各类书刊阅读中选题，从社会需要中选题等。只要教师立足于教学实践，研究的课题是非常丰富的。

（二）文献资料的获取

当前期准备工作完成后，便可以开展研究式活动了。资料是开展研究的基础，教师必须拥有丰富的资料并且善于使用资料，这是研究成功的保证。资料的获取途径有很多种，可以通过报纸、杂志、书籍获得，也可以通过网络获得，还可以通过同事、朋友等获得。刘海涛强调，资料的获取和使用能力是开展研究式活动所必需的一项基本功。资深的研究者在资料的收集与使用上有着相当深厚的功力，优秀的研究者大多是资料获取与使用的高手。研究型教师从事研究式活动，必须重视资料，并掌握资料获取与使用的能力。

（三）研究活动的深化

研究型教师开展研究式活动的过程，与我们前面所讲的研究式活动的实施流程大致一样。当教师获取了充足的资料后，便可以开始一系列的研究活动了，包括交代研究的问题、解释问题是如何产生的及其原因、解读问题，运用现代教育理论分析问题、总结经验、提出应对策略和需要进一步研究的方向等。

第四章　实践性学习

受教育家杜威教育思想的影响，刘海涛积极响应"学生中心论"。刘海涛认为，教育的目的在于培养人，在于为学生的发展做力所能及的事，教育理所当然要以学生为中心。基于这一思想，刘海涛提出了"实践性学习"的教育主张，他认为，教师要大胆地将主动权交给学生，让学生通过实践获得创新能力，走上发展之路。

第一节　实践性学习的内涵

艾青在《光的赞歌》中说道："实践是认识的阶梯，科学沿着实践前进。"魏巍提出："实践出经验，斗争出智慧。"狄德罗说："知道事物应该是什么样，说明你是聪明的人；知道事物实际是什么样，说明你是有经验的人；知道怎样使事物变得更好，说明你是有才能的人。"他们无一不在强调实践的重要性。近年来，传统教育制度的缺陷日益明显，教育理论的"先天不足"造就了一大批"畸形"人才，这些"人才"往往是"理论上的巨人，行动上的矮子"，缺乏实践能力。他们是理论的傀儡，常常误以为在理论的"操控"下就能实现教学目标，结果却与教育初衷背道而驰。

实践指人类有意识地从事改造自然和改造社会的活动；实行自己的主张，履行自己的诺言。它是客观存在的，往往伴随着人类个体的变化而出现或消失。在西方，苏格拉底是第一个研究人类生命实践的学者，其弟子柏拉图也很关注实践问题，文艺复兴后，康德、费希特、谢林、黑格尔等不同学派学者从不同角度对实践思想进行了阐述。在我国，古典文献《尚书》记载有"非知之艰，行之惟艰"，较早包含了"实践"的意味。随后，孔子、荀子、韩愈等思想家都提出了实践的观点。

何谓实践性学习？各学派的专家和学者持有不同看法。美国约瑟夫·A.雷林在《实践性学习：学习型组织的实现途径》中指出，实践性学习既是一种方法论，又是一种可以应用的教育工具。作为一种方法论，实践性学习强调个体在实践中掌握新知识，在实践中提高自身能力；作为一种教育工具，实践性学习可以使个体在学习和提高过程中获得发展，从而培养创新型人才。丁继安认为，实践性学习这一教育模式要求创造条件，使学生置身于工作环境中，向他们提供一种有组织、有计划的工作经验，这种工作经验具有创造性的教育价值，与教室中的学习紧密地结合在一起。[①] 丁宜林认为，实践性学习是指针对某一具体学习或研究的对象采取亲自动手参与实践操作而使问题得以解决的学习方式。[②]

刘海涛提出的实践性学习，是指教师为学生构建一个新型的、动态开放的、交互性的教育现场或实训基地，依据培养目标与教学进程，指导学生通过实践进行探究学习；学生在教师的指导下对自身已有的学习活动，以及活动中所涉及的学习环境、学习情感、学习信念等相关因素进行批判性的审视、探究和改进，力求调节并完善自身的学习，主动获取教育知识、应用教育知识，实现知识构建的学习活动。实践性学习既是一种学习方式，又是一项学习任务，它将学习与实践两者相结合，要求学习者在实践中学习，在学习中实践。

一、 实践性学习的理论基础

刘海涛在哲学、教育学、国际经验中寻找理论支撑，提出了符合师范教育发展潮流的新主张——实践性学习。

---

① 丁继安，吴建设.高等职业教育实践性学习：背景与特征［J］.江苏高教，2006（4）.
② 丁宜林.浅谈几种学习方式［J］.江苏教育，2004（9）.

（一）实践性学习的哲学基础

马克思主义哲学是最普遍的世界观与方法论，它探讨的是一般认识理论和原则问题，深刻揭示了自然、社会之间的普遍规律。在马克思主义哲学看来，实践是人类有目的地、能动地改造和探索现实世界的一切社会性的客观物质活动。实践是人与自然关系、人与社会关系、人与自身关系的基础。实践第一，意识第二，实践是检验真理的唯一标准，人的认识是"实践—认识—实践"这样一个循环往复、不断提高的过程。马克思主义哲学关于实践第一的观点，指导人们在实践中发现问题、解决问题，注意从实践中来，到实践中去。

马克思主义的唯物论观点强调，一切从实际出发，实事求是。这一观点提醒我们在学习过程中不能屈服于权威，不能从主观意志出发而脱离客观事实，更不能停留在理论层面，从理论到理论，从书本到书本，屈服于专家权威，生搬硬套。我们应坚持从实际出发、实事求是的思想路线，做到理论联系实际，在实践中检验理论的准确性。这是刘海涛的实践性学习的哲学基础。

（二）实践性学习的教育学基础

美国教育家杜威将教育理论从传统的"学生中心论、教材中心论、教师中心论"过渡为"学生中心论、活动中心论、经验中心论"。在杜威看来，知识和行为应该是合一的，学校要将"知行分离"转变成"知行合一"，鼓励学生通过主动探究，在实践活动中获得知识和经验。

杜威把教育实践作为教育科学的开始与结局。他认为，经验、实践是一个只能用经验的方式加以对待的源初的整体，这就意味着教育实践必须以实践的方式被对待。杜威在《教育理论与实践》中提出"实验理想"的"实践性学习"方法，也就是要求教师从教育实践出发，重新观察、洞察、反思，经历"假设—检验—行动"的认识和实践过程。

（三）实践性学习的国际经验

德国双元制职业教育制度历经不断的更新与发展，现已成为世界职业教育的典范，极具影响力。所谓双元制，是指青少年既在企业里接受职业技能方面的培训，又在职业学校里接受专业理论和基础文化知识教育。在双元制教育中，学生既能走出课堂，获得足够的动手实践机会，接受技能训练；又能在学校教育中扩充填补专业知识理论，丰富自己的理论内涵。在双元制教育背景下，德国对教师有严格规定，获取教师资格不仅要经过一系列的培训学习，还要通过国家组织的教师考试。在德国，教师不仅要有教育学的专业知识，还要掌握革新、组织协调等实践能力。

美国也提出了一种体现实践性学习性质的学习方式，即"工作本位学习"。美国的改革家们认为，学习环境必须重复真实工作环境中的技术、社会、时代和动机特征，在这种环境中所学将被所用。1994 年，美国国会通过的《学校——工作多途径法》中要求充分利用工作场所，使之成为教育过程中积极的学习环境。企业人员与教育人员结合起来向所有学生提供机会，使他们参与到高质量的工作本位学习中去。

这些国际经验都为刘海涛实践性学习的提出与实施提供了保障。

二、 实践性学习的特点

（一）创新性

创新性特点主要是从实践性学习的实现方式方面而言的。刘海涛的实践性学习强调学习者通过实践进行探究，这种基于实践性学习的探究是一种富有创新性的探究，它能为学习者提供一个开放的、动态的、交互的学习环境。在实践性学习中，学习者可以摆脱理论的束缚，冲破传统的理论观念，尽情拓展思维，甚至进行有依据的臆想。以实践性学习为依据的探究活动，在对已有理论进行二度验证的同时，也使这些理论有了创造性的发展，使其更完善、更成熟。

(二) 任务性

缺乏学习目标和自我监控的课堂教学极易被简化为教师向学生传递知识的单向活动。实践性学习依据学习者的实际情况，来确定他们达到学习目标所必须掌握的知识、能力和态度，然后通过系统收集反映学习情况的数据，对照学习者现有的能力水平，确定他们要完成的学习任务。这个学习任务包括明确学习内容以及应达到的学习目标。抛锚式教学观认为，工作任务是清晰明确、毫无旁枝的，有行动的出发点，也有预设的落脚点，体现了明显的秩序性和系统性。可见，我们不能对教学内容做简单、片面的理解，而要强调既定任务下教育规律的呈现及其作用，关注在现实、具体的教学情境下产生的丰富的、复杂的学习内容。实践性学习的内容丰富、复杂，这就需要教师按轻重缓急列出环节或目标，深入思考后明确其任务及目标等。

(三) 参与性

刘海涛指出，实践性学习的核心思想，是让学习者在亲身经历中探究教育的奥妙，在观察、设想、动手、交流的过程中掌握教育规律，获得解决教育问题的方法。从主体的角度来看，知识是存在于主体之外的。如何把"客体知识"转化为"主体知识"？这就需要主体亲身经历实践过程，在实践中体验、感悟。只有这样，才能有效地促进"主体知识"的生成和发展。从教学的角度来看，学习者只有作为主体参与其中，才能促进教学资源的不断生成与转化，并通过学习者的构建、感悟和体验，使其进一步发展。

三、 实践性学习的类型

实践性学习本身就是一种开放的、动态的、自由的学习模式，从不同角度，按照不同的标准，可将实践性学习分为不同的类型。

（一）按合作方式，可分为生生合作的实践性学习与师生合作的实践性学习

1. 生生合作的实践性学习

生生合作的实践性学习是学生与学生进行合作的实践性学习。学生与学生进行合作交流，有助于他们互相学习，取长补短。生生合作的实践性学习，从学习课题的提出，到学习问题的解决，教师并未参与其中，或者教师参与其中但并未发挥关键性作用。学生既是学习的主体，也是学习的组织者、负责人。生生合作的实践性学习，有助于充分发挥学生的主观能动性，体现以生为本的教学原则。学生在进行生生合作的学习中，不仅能吸纳他人的教育理念，提高自身的能力，还能开阔视野，培养创新思维。

2. 师生合作的实践性学习

师生合作的实践性学习，就是学生在学习过程中依靠教师的指引，与教师共同完成学习任务。教师的指引使学生的学习有了明确的方向，能让学生少走弯路、错路。师生合作的实践性学习是教师与学生双向交流的过程，学生听从教师的安排和组织，根据教师提出的学习课题进行研究和讨论，并及时向教师反馈研究情况，而教师则针对学生的研究结果提出意见和建议，直至问题得以解决。

（二）按学习媒介，可分为传统的实践性学习与网络化实践性学习

1. 传统的实践性学习

传统的实践性学习是一种面对面的、直接的学习，即教师在真实的教学环境中，将自身已有的教育理论付诸实践，引导学生在具体实践中进行学习。教育实习是学生进行实践性学习的常见方式，也是师范教育的重要模式。除此之外，师范教育的实践性学习还包括说课、试讲、评课、教学研讨等。

2. 网络化实践性学习

学生借助互联网进行学习，弥补了传统学习方式的不足，有利于学生高效便捷地开展学习活动。学生不仅可以充分利用网络搜集资料、建立数

据库，更能利用互联网交流学习心得，发表学习体会。尤其是近年来，微博、博客交流平台的出现，为实践性学习提供了更广阔的空间。学生在微博、博客等新媒体上发表学习成果，并在教师的组织下将学习成果进行整理和分析，真正实现了学习的现代化。

四、 实践性学习的意义

（一）有利于提高学生参与专业发展的可能性

目前，我国的教师教育采用的是职前学习、职后培训的方式。而教师的专业发展主要是通过教育实践与职后培训来实现，这对教学经验严重不足、理论与实践无法紧密联系的师范生来说，只能"叹之奈何"。刘海涛所提出的实践性学习具有情境性、参与性和任务性等特点，很好地解决了这一问题。一方面，实践性学习沟通了课堂理论学习与教育实践之间的关系，使"理论指导实践，实践促进理论"成为可能。师范生可以选择中小学校作为实践性学习的主要平台，并结合在理论学习中发现的问题进行实践、验证，有效克服了传统师范教育"空对空"的弊端，有力促进了师范生的专业成长。另一方面，实践性学习比较符合师范生的学习方式。师范生一般都反感空洞的说教，喜欢具体的"实战"，特别喜欢完成具有挑战性的学习任务。实践性学习旨在使学习者以科学的方法学习知识，强调学习方法、思维方法和学习态度的培养，鼓励学习者观察、实践、提问和说理，让他们发挥自身的聪明才智。这种学习方式很符合"知识来自于实践"的师范教育，能大大提高师范生参与专业发展的可能性。

（二）有利于增强学生参与专业发展的自主性

刘海涛指出，实践性学习是一种以教育问题为导向，以主动构建知识意义为过程的综合性学习，它强调主体的积极参与、自主学习，是"自我导向—整体感悟—明辨思理—建构内化—反思深化—评价监控"的学习过程，是学生自读、自悟、自得的过程。学生通过积极主动地同化知识、构建意义，既锻炼了实践能力，又培养了创新精神。实践性学习要求学生从专业发展的目标出发，确定学习任务，制订学习计划。学生基于教育问题明确学习目标、制订学习策略、搜集学习资源、形成学习报告和展示学习成果等，均由自身决断。在整个自主学习过程中，学生始终拥有高度的参与性和主动性，对学习内容、学习任务、学习方法及学习资源有着控制权和选择权，教师只起促进与帮助作用。学生的自主性的充分发挥，反过来又促进了学生自身的专业发展，学生不再是外部刺激的被动接受者和知识的灌输对象，而成为信息加工的主体、知识意义的主动建构者。

（三）有利于提高学生参与专业发展的探究性

刘海涛认为教育能力只能在大量的教育实践中形成，因此他提出基于实践性学习的专业发展特征之一就是把教育学习与具体任务或问题联系起来，给学生提供实践的机会。实践表明，基于实践性学习的专业发展期望学生能解决一些较复杂的现实问题，如果只是让学生掌握理论性的问题，学生是不可能完成拓展和提炼知识的任务，也不能通过解决问题促进思维的发展的，因此，探究就成为一种必要。对于专业发展的探究是学生对知识主动探索和分析的过程，即学生在学习过程中，通过发现问题、调查研究、教育实践和表达交流等活动，获得知识、形成能力、提高教育素养。基于实践性学习的专业发展由一系列知识链构成，它的本质是师范教育研究型、资源型、协作型的全新学习模式。实践性学习注重学习过程，强调尽可能让学生经历一个完整的知识发现、形成、应用和发展的过程，教师可以建议学生通过主动的探索、发现和体验，学会对教育问题进行分析和判断，进而提出可行性解决方案，以增强思考力、创造力和实践力。而要完成这些，教师在指导学生进行实践性学习的过程中必须为学生提供大胆质疑、不被教材内容禁锢的学习环境。

第二节　实践性学习的实施

刘海涛努力将应试教育中功利性的教与学转变为培育人的人文素养和审美人格的实践性活动，他组织学生参与实践性学习，将学习从课内延伸到课外，从理论延伸到实践，摸索出了"产学研"人才培养模式。

一、　实践性学习的实施过程

实践性学习的实施分为"提出问题—解决问题—汇报成果"三个阶段。

（一）基于问题，提出问题

实践性学习是基于问题的学习，提出问题是其实施过程的第一个阶段。它强调把学习设置在复杂的、有意义的问题情境中，学习者通过合作解决问题，进而学习隐含在问题中的科学知识，形成解决问题、自主学习的能力。

实践性学习是一种有意义、有目的的学习，学生是围绕一个确定的问题开展学习活动的。教师首先应面向学生"招兵买马"，吸收学生加入自己的学习团队。团队组建后，教师可要求学生就学习中遇到的问题提出具有一定研究意义的课题，开展"以问题为本的学习"，达到在科研过程中初步掌握科研要领的目的。刘海涛认为，大学二年级是学生进行实践性学习的黄金时期，因为处于这一阶段的学生既掌握了一定的理论知识，也有足够的时间进行学习，不受实习、求职等问题的干扰。

（二）网络研讨，解决问题

林浩亮在其《教师专业化视野中的教育实习：理念、内容与模式》中提出，一个问题解决的过程，本质上依赖于自身的判断能力，学生只有在参与、亲历、反思的教育实践中，才能获得对实践的反思能力，进而获得专业成长。学生结合自身的专业知识，提出具有一定研究意义的问题后，便开始自行寻求解决问题的途径。刘海涛指出，这里所说的解决问题的途径，是一种基于网络的解决方法。如一些学生为解决某一问题自发地在网上建起了一个"沙龙"，并借助这个网络沙龙，自由地发表自己对问题的见解，在共同研讨的过程中解决问题。学生基于网络进行问题的研讨及解决，实际上是一个知识内化的过程，在这个过程中，学生形成了一定的组织策略能力和解决问题能力，在解决问题的过程中既提升了自己对专业知识的认识，又提高了个人的综合能力。

（三）交流展示，汇报成果

通过前面两个阶段，学生在实践性学习中已有了一定的收获，将这些收获以学习成果的形式呈现出来，对于学生而言是十分必要的，这会对学生起到很好的激励作用。学习成果呈现的方式是多样的，包括发表课程论文、将学习成果编著成书出版、发表网络日志等，其中最常见的是以课程论文的形式呈现。

二、 实践性学习的实施策略

（一）"临床"实习：构建适应新课程改革的实践能力

学校教育课程给学生提供的是理论知识，然而仅仅依靠理论知识是远远不够的，一定的"临床经验"是学生理解和学习理论知识的关键，也是学生进行反思的基础。失去实践的支撑，教育的过程只是抽象符号的灌输与再现，这与实现终身学习的宗旨是背道而驰的。因此，教育应坚持实践性学习，而实习则是学生进行实践性学习的第一选择。

"临床"实习是指学生在校期间到实际工作中去应用和检验学到的理论知识，以锻炼工作能力。长期以来，学生的实习都存在着时间短、实效差、指导不力等问题。以往的实习只注重理论与技能的提升，"临床"实

习的提出能够让学生在直视现实问题、研究分析现实问题的过程中解决问题，弥补以往实习的不足。当前我国高等师范院校的教育实习，大多倾向于对学生教学技能、班级管理能力的训练，忽视了教育的动态化、多元化、个性化特征，导致理论与实践分离、模仿与创新矛盾。学生在从书本走向课堂、从理论走向实践的过程中，必然会遭遇到"问题挑战"，而恰恰是这些挑战促进了其知识的内化、意义的重构、能力的生成。在这一背景下，高等师范院校人才培养模式的改革是为适应基础教育新课程改革而被动进行的。至此，人们的研究视域才转向专注师范教育，使培养创新型教师成为主流，以满足基础教育新课程改革的需要。由此可见，在师范教育中，重视学生"实战"的"临床"实习，将促使其领会教育的内涵和本质，加速其从模仿向创新的转化。

（二）生成创新：构建适应新课程改革的教育能力

实践性学习的目的在于理解教育本质、抽象教育规律、掌握解决教育问题的策略和方法。实践性学习的目的决定了它是一个"问题—尝试—反思—新问题—调整—反思"多次反复的过程，加上实践性学习本身具有创新性特征，这就需要学生在总结以往学习经验的基础上有所创新。教育能力的生成和创新，既是实践性学习的基本目标，也是实践性学习的自觉走向。

实践性学习的开拓创新，一方面能让学生在对传统课堂的批判和反思中生成创新课程改革的教育能力。在一成不变的师范教育"文化基础课—专业基础课—专业核心课程"人才培养模式下，教学容易进入一个误区，即教师将知识当成教育教学的主要内容，只注重知识的传授，忽视教学科研能力的培养。在这样的环境中，职前教师往往不能将抽象的理论与复杂多变的课堂情境结合起来，其教学行为仍旧以模仿为主，难以形成系统的教育教学技能。在新课程改革背景下，传统的"文化基础课—专业基础课—专业核心课程"的人才培养模式渐渐得到改善与发展，形成了一种新型的师范人才培养模式。另一方面也能让学生通过参加科研项目生成适应新课程改革的教育能力。英国著名课程理论家斯坦豪斯认为，教育的真正价值在于使学生通过思考已有的各种知识，发展理解力、判断力和独创精神；在于使学生的心智发展基于知识的获取；在于教师必须对教学过程进行不断分析和理解，根据教学进展情况不断调整教学的具体目标，由此他提出"教师即研究者"的教育理念。他强调教师的研究与教育实践是密不可分的，教师进行科研的目的不仅是为了促进自身的发展，还是为了实现教研结合，在教育中研究，在研究中教育。

实践性学习要求学生基于科研活动进行学习，并在学习过程中主动构建知识意义。科研活动的课题既包括学生申报或自选的课题，也包括教师申报或布置的课题。

就目前而言，本科师范院校的科研活动主要有校级科研立项、"家曦杯"科研活动、国家创新性实验计划、大学生"挑战杯"以及社团科研活动等。

（三）反思内化：构建适应新课程改革的学习能力

学生进行实践性学习，首先需要具备学习的能力。学习能力的形成不是被动的接受过程，而是一个不断反思和主动内化的过程。这个过程由发现问题、尝试改进、调整反思三个环节组成。首先，发现问题是实践性学习的第一任务，而积极发现问题是培养学习能力的基石。在学习教育理念和进行教育实践的过程中，学生所接受的知识能够对他们有所启示，且这种启示是深刻的、敏锐的，它实际上就是一种积极的发现，是学生进行反思与内化的第一步。其次，学生根据发现的问题寻求问题出现的原因，并据此有针对性地调整自己的学习活动，尝试使用新的方法或其他补救措施解决问题。最后，调整反思。调整反思是尝试改进的后续环节，如果问题已经解决，进行调整反思能够积极地寻求优化的方法，巩固已有的成果；如果问题尚未解决，进行调整反思则能从另一个角度思考问题，尝试运用其他的解决方法。

问题的解决并不代表整个学习过程已经结束，学生还要进行反思与总结。通过小组汇报，学生在会议上汇报自己的学习成果。教师就学生的学习成果、学习方法等提出质疑，引导学生反思。学生在教师或其他同学的

质疑中，对自己研究中存在的问题再次进行研究和分析，寻找更好的解决方法。

经过他人质疑、自我反思、讨论交流，学生再次尝试用新的方法或补救措施完善自己的学习成果。由发现问题、尝试改进、到调整反思，学生在这个过程中不断反思和改进，提高了学习能力、实践能力。

三、 实践性学习的实施模式

师范教育具有实践性，它的知识形态主要是以"默会知识"为特征、为本位的，这种知识仅仅靠单纯的"听说"无法获得，需要在实践中"习得"。刘海涛认为，基于实践性学习的师范教育应当依据教师职业标准和教育工作需要，确定其必备的知识和技能，围绕培养教师教育能力和科研能力的目标，使教学对象真正实现"做中学，学中做"，理论指导实践，在实践中更好地领会理论。

（一）"学教双元"模式

"学教双元"模式，是指由高等师范院校和中小学校双方在专业标准下分工合作培养学生的教育体系。"双元"是指教学活动一方面在中小学校实施，另一方面在高等师范院校实施。前者是在真实的教育教学环境里置身于教育事件或现象之中开展的直接教学活动，后者是基于一种实验的环境而开展的"直接性的或模拟性的教学活动，是指精心安排参与者在有所控制的、通常加以简化的情境里，对教育事件或现象开展实验、观察、研究与分析活动"[①]。学生在高等师范院校学习专业理论，在中小学校进行专业实践学习，从而很好地把中小学校与高等师范院校、理论知识与实践技能紧密结合在一起。"学教双元"模式是一种高等师范院校与中小学校广泛联系与深度合作的专业培养模式，它使学生在教育实践过程中由"被动接受者"转变为"主动参与者"，由"教育实习者"转变为"教育实

---

① 黄甫全. 开发实验课程与教学：教师教育改革的新路向［J］. 教师发展研究，2009（18）.

践者"，以主体的责任感真正参与教育实践、承担教育任务。

刘海涛指出，以教学能力训练为主要内容（如示范教学、微格教学训练等）、教育问题解决为主要导向（如案例研究、反思性教学等），是"学教双元"模式的主要特点。教学能力训练的途径确定和教育问题解决的策略选择，是高等师范院校教学体系中最值得我们深思的问题。基于教育需要，从解决教育问题的每个环节和程序入手，而不是抽象的"从理论到理论"，这才是"学教双元"模式的本质。

（二）"学研一体"模式

"学研一体"模式，是指在教师的指导下，学生自主开展研究性学习获取教育理论，通过科学研究的实践形成科研能力，并生产出具有创造性的知识产品的活动。刘海涛强调，在高等师范院校，"学研一体"模式要以培养学生的教育能力和创新精神为目标，通过"学习－研究－创新"的实践过程，使学生了解教育的本质，逐步获得教育、教研等方面的能力，为他们成为合格的教师打下坚实的基础。传统的师范教育存在很多问题，如学生的教研能力较弱、创新能力欠缺等。而"学研一体"模式可以改变以往教学中学生被动接受知识的局面，注重对学生进行"教学做研合一、主动实践、提高能力、突出特长"等方面的培养，注重将教育理论和教育实践结合起来，将理论学习和项目研究融为一体，有助于解决传统师范教育存在的问题。

备课、上课、说课、观课、评课是我国在职教师教学研究和专业发展的基本方式。刘海涛认为，如果师范院校的学生在大学没有接受这些训练，就难以适应我国基础教育新课程教学实践的需要，而利用"学研一体"模式进行学习，可以较好地解决这些问题。学生利用"学研一体"模式来学习的途径一般有三种：一是教师提供科研项目，学生积极参与，并在科研实践中和教师一起解决问题；二是学生自己申报科研项目，并在科研实践中自己解决问题、反思问题；三是观察他人的研究，重视教师的反馈。无论哪种途径，学生的实践和教师的指导都是必要的。

（三）"研教互惠"模式

"研教互惠"模式，是指学生通过完成与真实教育活动密切相关的科研项目来进行学习，它是一种充分选择和利用最优化的学习资源，在实践体验、内化吸收、探索创新的过程中获得较为完整而具体的知识，形成专门的技能并获得发展的实践活动。实施这种教学模式，必须创设一种类似于教育科学研究的情境，让学生在一系列的科研活动中主动探究、发现和体验，促使学生通过应用教育理论知识完成知识的内化，从而形成一定的教育实践能力，并在一定时间内解决一系列相互关联的问题。教育理论、教育技能、教育实践和教研能力培养是高等师范院校里不可或缺的内容，在"研教互惠"模式下，教师可以利用科研项目引导学生将教育理论应用于教育实践，确保教育课程与教育实践需求挂钩，以培养、拓展学生的教育研究能力与教育应用能力。

"研教互惠"模式主要采用学生积极参与、教师全程辅导、师生共同合作的形式进行，其重视解决问题的过程与方法，有利于使学生在解决问题的过程中掌握方法、形成解决问题的能力。"研教互惠"模式的实施策略主要有以下几点。在教研项目上，学生在教师的指导下研究教师布置的或自选的课题，通过实践获得研究能力。在教育实践中，学生要置身于真实的教育环境中，发挥自身的特长、水平。研与教是一个问题的两个方面，两者相互促进。教育研究应用于教育实践（项目），教育实践促进教育研究的发展。"研教互惠"的目的就是促进学生在研与教的过程中走向创新。

以科研项目为依托开展的实践性学习，克服了传统教育理念中对感性理解、动手能力、跳跃性思维培养重视不足的弊端，超越了传统意义上对"研究"功能的界定——真理知识的获得，而成为"人的发展"的一个过程，一个自我反思、自我教育的过程。

第三节　实践型教师的实践性学习

在信息技术高度发达的今天，教育界倡导培养"双师型"教师。"双师型"教师是能将理论与实践有机结合的教师。"双师型"教师不仅要拥有丰富的专业知识，更要有良好的教学技能，即不仅要"会"，而且要"会教"。基于"双师型"教师的思想理念，刘海涛创新性地提出了"实践型教师"这一概念。所谓实践型教师，是指能够充分发挥主观能动性，在教学活动中积极发表个人见解，使课堂变成一个充满活力的地方，使学生不再是"坐着"学习，而是"做着"学习的教师。在这里，刘海涛所提出的实践型教师的培养对象不仅包括教师和具有研究生学历的学生，还包括一般本科生，即本科师范院校的学生也能通过实践性学习成为实践型教师。

一、　打造实践型教师的必要性

（一）教师的职业需要

教育本身就是一种双向活动。在教育过程中，教师一方面给学生传授文化知识、生活经验、为人处世的方法，以使学生更好地生活，帮助学生从幼稚走向成熟，成长为合格的社会人；另一方面，教师在育人的同时也在育己。亲临一线的教学经历影响着教师的教育观，教师会不断对自己的教学行为进行反思，用先进的教学理念来对照自己的实际教学，并能够正确认识和评价自己，明白哪些是应该做的，哪些是需要注意的，从而提高自身的思想素养、知识素养。

传道授业解惑并非易事，它需要教师花费一生的心血去研究、琢磨。被赋予期望的教师往往是一个具有创新能力的践行者，他不是停留在理论层面的"吹嘘式"教师，而是一个经得起实践考验的实践型教师。

（二）社会发展的需要

任何一所学校或教育机构都希望拥有一支德才兼备、具备社会核心竞争力的教师队伍，任何一所师范院校都期望造就一批批实力雄厚的未来教师。当今，实践能力是教师专业能力中的重要组成部分。教师间的较量在很大程度上是实践能力的较量。目前，我国已经意识到实践型教师的重要性，开始高度重视教师实践能力的培养，教育部出台了相关政策以培养实践型教师。而在美国，自 20 世纪 80 年代以来，教育部门就开始关注提升师范教育中实践性教学环节的成效。美国一些研究"临床实践型教师教育"的学者指出，教师是一个类似于医学、护理或临床心理学的临床实践专业，强调把"驻校经验"和"实验室经验"作为教师培养的重要内容。实践型教师的培养，已经成为教师培养发展的趋势，也是我国师范教育中应该重视的关键环节。

（三）实践性学习的必然结果

本科师范院校的学生进行为期四年的专业知识学习、教育技能训练，继而成为一名准教师，不同的学习方式影响着他们最后成为教师时的专业状态，更影响着他们成为教师后的教学方式。他们通过实践性学习，培养操作技能，养成实践品质，再经过长时间的学习，便会发展为实践型教师。从这一层面上看，实践型教师是师范院校学生进行实践性学习的必然结果。

师范院校学生在实践性学习中，通过"临床"实习、生成创新、反思内化等将抽象的教育现象直接转化为具体的教育问题，慢慢攻克诸多教育实际问题。在这个过程中，实践不再是一种简单的学习知识、解决问题的方式，而是内化成学生的一种气质，成为学生头脑中的一种思想，无论学生面临什么问题，都能首先想到通过实践性学习的方式来解决。这就是学生在实践性学习后应该达到的效果，也是未来成为实践型教师必备的品质，更是区别于其他类型教师的根本之处。

二、 实践型教师开展实践性学习的原则

(一)"问题—研讨—解决"循序渐进

刘海涛指出,实践性学习的基本思路是"提出问题—网络研讨—解决问题",基本组成要素有选取课题、合作研讨、研究实施。在这样的学习模式中,实践型教师可以创建属于自己的个人"学习平台",在上面展示学习成果;与其他人组成学习小组,将学习成果荟萃到小组"学习平台"上。这既锻炼了自身的研究能力,也训练了自身的策划能力、选题能力和组织能力。小组的学习成果形成规模后,则可根据图书出版的要求,按照专题把学习成果编辑成书。这种"提出问题—网络讨论—解决问题"的实践性学习,融社会实践与教育理论于一体,既有理论深度,又有实践广度。

(二)"产出—学习—研究"三位一体

"产出—学习—研究"三位一体即产学研一体化,就是将产出、学习、研究三者有机地结合起来,使它们形成一个统一体,将相对独立的三种行为凝聚在一起的一种人才培养模式。在这个统一体中,"产""学""研"不是各自独立的个体,而是相互影响、相互作用的有机整体。更进一步讲,"产出—学习—研究"三位一体是一套完整的教学模式,在这种模式下,实践型教师不再仅仅停留在学习层面,而是已从学习发展到研究,再从研究发展到社会服务。"产出—学习—研究"从最初的自主投入到实践学习,再到项目研究,这个过程给实践型教师的实践性学习提供了足够的机会和平台。

(三)"教学—研究—创新"良性循环

"教研创"的基本思想是从"教学",到"研究",到"创新"良性循环,要求实践型教师在教学中发现问题,在研究问题、解决问题的过程中

提出新的方法，再运用新的方法进行创新。实践型教师若想使自己真正成为"实践高手"，就必须不断地"从教学，到研究，到创新"，进行多轮循环。

三、 实践型教师开展实践性学习的途径

（一）实践

教师实践品质的形成，离不开实践操作。有效的教学，是可以复制，可以实施的。因此，实践同时也是训练，是检验教学方法、理念可行性的过程。刘海涛认为，实践的形式与途径多种多样，在网络高度发达的今天，实践型教师可以借助互联网进行实践性学习。比如，可以在网上进行虚拟练习，训练教学技能；可以通过 QQ、微信等讨论学习，交流体验。

（二）体验

实践性学习是一种创造性的学习，它不是一个被动接受的过程，而是一个自主学习、主动接受、亲身体验的过程。这就要求实践型教师在进行实践性学习时，要充分发挥个人的主观能动性，做一名"有思想"的学习者。实践型教师不是对传统教学理论按部就班地学习，更不是沿着已有的范式一成不变地再现课堂，而是在教学活动中充分发挥创新思维，对教学内容和教学方式进行再创造。充分发挥个人主观能动性是其关键。充分发挥个人主观能动性，是指在学习过程中要有开放的思维，不拘束于权威。实践型教师的魅力形成于实践性学习中，体现在实际教学中。所谓人格魅力，是指由教师的理想精神、敬业态度、情感立场、道德情操和意志品格等内核组成的统一体，各内核之间彼此依存、缺一不可。[①] 实践型教师要运用专业知识及情感态度激发学生学习的兴趣，提高学生的综合素养，从而强化教师的专业魅力。

---

① 陈楠．浅谈语文课堂教学中教师人格魅力的发挥［J］．四川师范大学学报（社会科学版）增刊，2005（5）．

　　教师的职业性质决定了教师的学习是一种终身学习。在终身学习的过程中，教师难免遇到各种困难，那么，实践型教师该怀揣怎样的心态去学习呢？只有把学习当成一件快乐的事，在漫长的岁月中学会苦中作乐，才能持之以恒，学有所成。刘海涛提出的实践性学习是一种快乐学习。所谓快乐学习，是指学习者在无功利性的因素下，以学为乐，以研为趣，并且十分享受因学习带来的成就感的一种学习方式。在信息时代，学习者极容易患上一种"信息焦虑症"，太多的课程、太多的书籍、太多的信息，常常让人喘不过气来，一种自卑和焦虑的情绪常常蔓延在生活中，使学习陷入一种被动的、被自身以外的力量支配着的状况。开展实践性学习，则可以克服这种"信息焦虑症"，消除学习者的自卑情结，使学习者的生活方式和学习方式在快乐的氛围中完成一次真正的转型。

第五章　项目型学习

美国巴克教育研究所在《项目学习教师指南》中指出，项目型学习是指学习者通过完成与真实生活密切相关的项目进行学习，是一种充分选择和利用最优化的学习资源，在实践体验、内化吸收、探索创新中获得较为完整而具体的知识，形成专门的技能并获得发展的实践活动。针对当前师范教育存在的问题刘海涛提出了基于师范教育的"项目型学习"。

第一节　项目型学习的内涵

项目型学习强调以学生为中心，以项目为形式，以成果为目标，将学习置于具体问题之中，让学生在完成一个真实项目的活动中，内化知识，在掌握基本知识和技能的同时，培养创新能力、解决问题能力、合作学习能力等。

一、项目型学习的理论基础

项目型学习的理论基础是建构主义学习理论，强调学习者在学习过程中主动建构知识意义。学习的发展是以学习者的经验为基础的，由于每个学习者对现实世界都有自己的经验解释，不同的学习者对知识的理解不完全一样，从而导致学习者在学习中所获得的信息并不完全相同。此时，只有通过实践才可能使之达成共识。刘海涛所提出的基于师范教育的项目型学习集中体现了建构主义教与学的理念，是一个以实践为基础的学习活动，目标是通过实践来解决问题，帮助学生进行高层次的思维和推理，培养其创新意识与科研能力。

如今，培养研究型教师已是基础教育课程改革中教师队伍建设的一项重要工程，而项目型学习是促进研究型教师专业化发展的重要载体。没有科研项目作为学习载体来进行科研实践，只进行科研思维训练、科研意识培养等，是很难培养出研究型教师的。21 世纪的工作环境要求人们能够进行项目工作，与同事合作，并且能够控制自我和管理项目。按照工厂模式批量制造一个模子的学生的时代已经成为过去。通过项目型学习提高学生的教育能力（教学与研究能力），是高等师范院校培养研究型教师的有效途径。

二、 项目型学习产生的背景

2004 年，我国新课程改革开始实施，客观上要求教师把基于经验和常规的一般性思考上升为科学的、系统的、专业化的研究，通过研究解决问题。"作为促进教师专业发展的重要途径，小学教师教育不能无视教师应该具备一定研究能力这一历史要求，也无法回避培养未来教师研究能力的责任。"[①] 具有"研究能力"的教师是指除了具有一般能力和专业能力外，还拥有较高教育科研能力的教师。基于这种要求，师范生应拥有一种自我反思、自我探索、自我更新的专业能力，即既能从事学科知识教学，又能从事教育科学研究。但当前高等师范院校的教育存在较多问题，难以满足新课程改革的要求，主要体现在以下几个方面。

一是培养模式重讲授轻训练。高等师范院校仍沿袭"文化基础课－专业基础课－专业核心课程"的人才培养模式，将抽象化的教学法知识当成教育的主要内容，过分强调知识的传授，忽视能力（教学、研究能力）的训练，结果"在真实的教育情境中，职前教师往往无法将抽象的理论与复

---

① 邵舒竹，李玉华. 高师小学教育专业本科生科研实践活动的初步探索［J］. 课程·教材·教法，2008（9）.

杂多变的课堂情境联系起来，其教学行为仍然以模仿为主体，难以形成系统的教育教学技能，更谈不上教育临床经验的获得和教育学理念的形成"。[1] 可见，脱离了实际的教学，师范生的教育能力是难以有效形成的。

二是教学模式重理论轻实践。随着新课程改革的推进，基础教育对教师教研能力的要求越来越高。为了适应新课程改革，高等师范院校尽管已从静态的"教学"知识体系转换为动态的"教育"理论体系，理论形态、教学内容、教材形式都发生了较大的转型，但是在教学模式上，过于强大的教育观念、教育理论对师范生的教育实践形成了殖民、压迫、围剿的态势，抑制了教育实践自由生长的势头，导致了实践性学习的萎缩。不重视教育实践的教学，培养出的教师往往难以胜任新课程背景下的教育工作。

三是评价模式重识记轻反思。随着新课程改革的深化，具备深厚的专业素养、积极的人生态度的教师越来越受学生欢迎。但是，在评价模式上，高等师范院校仍"以识记目标为主，对知识内化、知识运用、能力掌握、情感目标关注不够，而且考核方式单一"。[2] 这种评价导向，难以培养出高素质的教师。

培养师范生的教育能力已成为师范教育的重要内容，高等师范院校作为培养基础教育师资的主阵地，不能回避这些问题。项目型学习是刘海涛针对当前师范教育存在的问题而提出的应对策略，强调在"做中学"，主张通过科研实践培养师范生的创新意识与科研能力，以使其日后能成长为研究型教师。

三、 项目型学习的基本特征

（一）在选题方向上强调实用性

选题要求与学科教育实践相结合，强调把教育中的关键性问题作为主体，把解决学科教育中的实际问题作为方向。举例而言，语文教育专业的

---

① 王炜. 高等教育大众化背景下教师教育课程改革的价值取向［J］. 教育科学，2008（8）.
② 刘鸣. 高师院校创新人才培养的使命、问题与对策［J］. 中国大学教学，2008（8）.

选题就应侧重与语文教学、语文教师和学生心理发展等相联系，强调选题对语文教育的实践意义，如关于"人教版小学语文新旧教材革命故事课文比较研究"的选题等。

（二）在研究方法上体现实证性

避免纯粹分析理论性知识的研究，应将教育理论置于真实、生动、具体的教学情境下进行研究，注重把教育实情作为研究对象，在材料处理、数据统计、理论分析上要做到观点有支撑，推论有印证。

（三）在实施过程中强调生成性

强调通过科研项目来培养学生的研究能力。在项目型学习过程中关注学生反思的力度、自主的程度等研究素养的生成，培养学生的研究能力，使其学会积极主动地构建知识，发展创新意识和研究能力。

第二节　项目型学习的实施

刘海涛指出，项目型学习要以项目为载体、以成果为目标、以合作为方式，通过在"做中学"来培养学生的综合素养、问题意识、创新思维、自主构建知识的能力和协作学习的精神，这对全面提高教学质量、实施素质教育有着重要作用。

一、　项目型学习的实施流程

刘海涛认为，项目型学习的实施流程，与一般教学模式的实施力流程是有所区别的。

项目型学习一般由"项目背景—项目任务—活动探究—作品制作—成果交流—项目评价"六个环节构成。教师在项目背景、项目评价的组织实施中起主导作用；学生在活动探究、作品制作、成果交流三个环节中发挥

主体作用；项目任务则贯穿整个学习过程的始终。

（一）项目背景

根据学习需求和学生特征选择项目。无论是学生学习，还是教师指导，都要围绕项目而展开，并且要提供背景资料。

（二）项目任务

基于问题设计任务是整个项目型学习重要的一环，项目任务要根据学习目标而定。思维的创新在于不断的磨炼。如果设计的任务没有挑战性，就无助于创新思维的培养。

（三）活动探究

根据项目学习计划，小组成员以自主学习、合作学习、文献检索等活动方式，分析、研究项目内容，并通过提出假设、验证假设等获得初步的活动成果。

（四）作品制作

在项目型学习的过程中随时可以进行作品制作。比如，可以先制作好栏目、图景等，然后通过改换或扩充标题，录入搜集来的相关内容，最后再对作品进行修改、充实。作品形式可以是评论，也可以是报告；可以是图片、音像，也可以是网页、光盘。

（五）成果交流

项目型学习注重综合性学习的探究过程和活动成果，在此，可以通过小组讨论对成果进行研讨、质疑，以进一步促进知识内化。

（六）项目评价

教师可以制订评价量规或等级，给学生的作品评分。教师应该根据教学需要提供多种评价方式，如诊断性评价、过程性评价、总结性评价，或同伴互评、教师评价等。

二、 项目型学习的案例分析

项目型学习遵循"假设—验证—再假设—再验证"的过程，这是一个螺旋上升的过程，需要通过实践性活动来实现。试以"轻叩诗歌的大门"为例阐述其实施过程。

（一）项目背景

"轻叩诗歌的大门"是人教版语文六年级上册第六单元综合性学习的主题，主要由"诗海拾贝""与诗同行"两个模块构成。

六年级的学生已经积累了一些诗歌常识，收集诗歌、背诵诗歌，对于六年级学生而言应该不难。但以他们现阶段的生活阅历和接受能力，还难以从宏观上把握诗歌的发展和特色，从微观上学会诗歌的欣赏和写作。基于此种情况，本课将以合作学习为主，旨在让学生通过分工合作、相互启发、共同分享，获得更大的进步。"轻叩诗歌的大门"这一综合性学习主题活动性较强，而学生在个性特征、能力特长等方面存在诸多差异，因此在活动中学生可能会对项目内容产生不同的理解，使用的研究方法不同，获得的体验也不同。通过合作学习，让学生在分工合作、相互交流、共同探讨中学会分享与合作，既可培养学生的合作学习能力，又可提高学生的语文学习能力，使学生真正受益。

"轻叩诗歌的大门"是对古今中外诗歌的第一次总览，也是对学生的语感的一次考验。"诗海拾贝"侧重对诗歌读、赏、写的感知，"与诗同行"侧重对诗歌读、赏、写的实践。诗歌选文都应让学生在课外延伸阅读，贯彻教材编写者"得法于课内，得益于课外"的意图。同时，教师在活动过程中要注意化难为易，步步引导，帮助学生掌握诗歌的特点、体会诗人的情感、理解诗歌的写法和技巧，拓宽学生的知识面，激发学生的求知欲。"轻叩诗歌的大门"项目学习小组的任务就是搜集诗歌，整理资料，欣赏诗歌；动手写诗，编写诗集，诗歌竞赛。

（二）项目任务

项目学习名称：轻叩诗歌的大门。

项目学习目标：根据学习主题，利用图书馆或网络等信息渠道获取、分析、整理相关资料，了解古今中外诗人创作的优秀诗歌；对搜集的诗歌进行分类，了解诗歌的丰富多彩；感受诗歌的美丽，培养学习诗歌的兴趣；掌握欣赏诗歌的方法，激发热爱诗歌的情感。

预期成果：初步掌握查找资料、运用资料的基本方法；编写诗歌册子；尝试写简单的诗歌赏析。

（三）活动探究

步骤一：制订计划

主要包括时间计划和活动计划两个方面。

时间计划："轻叩诗歌的大门"综合性学习计划用 10 课时。第 1 课时，师生讨论交流，制订、修改、完善活动计划。第 2 课时，了解古今中外的优秀诗歌。第 3、4 课时，对搜集的诗歌进行分类，了解诗歌的丰富多彩；感受诗歌的美丽，培养学习诗歌的兴趣；掌握欣赏诗歌的方法，激发热爱诗歌的情感。第 5、6 课时，通过阅读古代诗歌，感受古代诗歌的特点；通过诵读古代诗歌，大体把握诗意，理解诗人的情意与感受；通过赏析古代诗歌，领略古代诗歌的特色与魅力；初步了解一些有关《诗经》、唐诗、宋词、元曲的知识。第 7、8 课时，进一步感受诗歌的魅力，学习诗歌的写作方法。第 9 课时，通过编辑诗集，培养编辑、合作的能力。第 10 课时，通过竞赛检测对诗歌知识的掌握程度。

活动计划：首先了解古今中外诗歌的基本知识，如著名诗人、诗歌类型等；接着讨论、探究诗歌读、赏、写的方法，并尝试赏析诗歌和写作诗歌；最后用相关成果来证明、验证自己的理解。项目小组可以通过上网查找资料了解诗歌的发展情况，通过辩论加深理解、形成观点，并通过文稿、网络等加以展示。

步骤二：提供资源

教师根据每组学生的项目计划，指导他们建立学习资源库，及时提供资源下载、网址导航、在线阅读等帮助。教师可以为学生提供资源指南，如小学语文网、中国诗歌网、中华古诗文网、界限等。

步骤三：开展探究

基于项目型学习的"轻叩诗歌的大门"的探究主要从三个层面逐步深入。

基本问题：诗歌还会有"黄金时代"吗？

单元问题：诗歌的发展历程是怎样的？古、现代诗歌各有哪些特点，有哪些差异？诗歌有可能重现辉煌吗？

内容问题：诗歌的起源是什么？诗歌有哪些特点？诗歌的表现手法有哪些？古代诗歌可以分为几类？现代诗歌可以分为几类？你读过哪些诗歌？知道哪些著名的诗人？

除了在课堂进行探讨外，教师还可以通过网络，如 QQ、E-Mail 等与学生进行探讨。学生直接接受教师布置的任务或自行选择问题作为学习项目；每个小组要定期提交一份活动报告，以便教师了解他们的学习情况。

（四）作品制作

在学习中，小组成员相互帮助、共同合作，通过各种途径搜集相关资料，然后对资料进行分析、整理、综合，最后形成作品。其作品制作主要表现为编写诗歌册子，撰写诗歌赏析，制作诗歌网页等。

（五）成果交流

各小组轮流展示自己的成果，在小组内和小组间按照评价标准进行互评，然后各小组根据评价意见修改成果，并将成果发布到网上。正如前面所述，基于项目型学习的"轻叩诗歌的大门"的学习是一个"假设—验证—再假设—再验证"的过程，完成一次任务，并不意味着解决了所有问题。发展学生的审美力、想象力、批判力和创新力，是它的追求。完成学习任务后，教师可以与学生继续讨论问题。比如，你认为征文比赛中"除

诗歌外，题材不限"的这种规定会不会影响诗歌的发展？为什么？2006年"赵丽华诗歌事件"影响颇大，你怎么评价这次事件？

（六）项目评价

项目学习结束后，教师可对学生做出一个较全面的学习评价。评价基本可以分三个层次。

基础层次：主要评价学生积累古诗的程度。比如，古诗背诵。

中级层次：主要评价学生对"古诗词""现代诗"的基本概念、类别的理解，以及掌握的欣赏诗歌的方法。比如，诗歌常识比赛。

高级层次：主要评价学生是否学会了欣赏诗歌、写作诗歌。比如，编辑一本按"山水""边塞""思乡""田园"等分类的赏析诗集，制作一个包含"诗海拾贝""与诗同行""诗歌擂台""童心诗趣"等栏目的网页。

第三节　研究型教师的项目型学习

研究型教师有着丰富的教学经验，对教育教学有着强烈的研究意识，是教师成长的高级阶段。研究型教师的项目型学习，指研究型教师通过开展项目型学习培养学生的研究能力，促进学生的专业发展。

一、　研究型教师的内涵

（一）研究型教师的含义

研究型教师，是在具备一般能力（智力）和专业能力（语言表达能力、组织能力、学科教学能力）的基础上，同时具备一种自我反思、自我探索、自我更新的教育科研能力，且既能从事学科知识教学，又能从事教育科学研究的一种新型教师。

刘海涛在《新语文教师如何开展教研和科研（上）》中说，教研是教师自觉地以教育教学现象为研究材料，采用科学的研究方法对学科教学现象进行分析、总结，并用特定的研究文体进行表达的一种学术活动。在新课程改革背景下，教师不仅要具备基本的专业能力，更要拥有必要的教研能力。作为新型教师，应该深切领会"教师即研究者"的观点，一边进行教学，一边进行研究，借助自我反思、自我探索、自我更新，解决在教育一线遇到的问题，形成自己系统的教育理论。

（二）研究型教师的特质

1. 怀有"向学之心"

刘海涛认为，要做研究型教师，就要常怀一颗"向学之心"。研究型教师能做到在一切场合，向一切人和环境学习；能真正沉潜下来，潜心向学，明白为何而学；具有一种"路漫漫其修远兮，吾将上下而求索"的不懈精神。刘海涛便是一个满怀"向学之心"的研究型教师。在新媒体时代，他的学习几乎是时时不断，处处不停地始终走在知识的前沿。

2. 持有科研兴趣

孔子说："知之者不如好之者，好之者不如乐之者。"兴趣是最好的老师。研究型教师不仅掌握着教研方法，更拥有科研的动力、思想与境界。刘海涛认为，研究型教师之所以科研成果卓著，与其持有强烈的科研兴趣分不开。研究型教师只有把自己的志趣、爱好同自己的专业融为一体，把学术研究作为自己的生活方式，才能收获累累硕果。

3. 抱有科研志向

著名历史学家严耕望说，做学问要想有较高成就，最好能先有抱负、有信心、有计划，这是努力的起点。远大的志向是做学问的持续动力，是做真正研究、成就真正学问的力量源泉。何以成功？刘海涛总结为"聚焦读书生活，确立学术理想，激活生命潜能，创造成功人生"。教什么就研究什么，研究什么就教什么，既是教学，又是科研。只有拥有明确的科研志向，才能成为一个优秀的学者、一个卓越的教育者。

项目型学习强调在"做中学"，强调通过科研实践培养、促进教师的创新意识与科研能力，十分切合研究型教师的培养。实际上，研究型教师

的项目型学习更多的是在宣示这样一种学习理念：学习历经一个"学—研—创"的艰辛过程，众多学伴相互协作一定能够完成研究任务。

二、 研究型教师开展项目型学习的流程

（一）学——构建实践平台，加强实践能力的培养

传统的大学实践教学主要是规定一定量的实践教学时数、有针对性的"技能训练"。但是，这种做法在许多普通院校往往由于时间短促、模式单一、教师指导不足等原因而流于形式，效果很不理想。项目型学习的提出为我们解决这一难题开辟了一个新的视角。以实践为取向的项目型学习集中体现了建构主义教与学的理念，强调让学习者在学习过程中主动建构知识意义，是一个以实践为基础的学习活动，旨在通过实践来解决问题，帮助学习者理解知识。项目型学习主要包括三个方面：一是常态进行的有教师指导的"实践性学习"，主要训练学生解决问题的能力；二是有学生参与的教师主持的科研项目，主要训练学生的创新思维；三是师生协商交流，教师对学生的实践性学习、科研活动提供咨询和辅导。三者的主要目的是让学生把学到的知识运用到实践中，并通过实践提高创新能力。

（二）研——实行师生合作，促进研究能力的提升

以往，大学对学生科研能力的培养大都是在课堂上从理论出发的，一旦用于实践，学生就会束手无策。而在刘海涛所提出的项目型学习中，教师与学生的科研合作，最直接的变化就是学生的"实战"发生了实质性变化。师生合作进行科研，一方面，教师受到一定压力，激发了科研的积极性和主动性，促使他们更好地把教学与科研有机结合起来，把科研成果转化为教学内容，丰富教学内涵；另一方面，让学生"零距离"获得教师的指导，使学生有更多机会参与科研实践，从而使他们能及时把握学科发展的方向、了解学科发展的前沿，这有助于学生形成科研意识、获得科研能力、增强创新能力、促进创造水平。项目型学习把教师与学生合作进行的

科研活动纳入教与学、理论与实践的整体中，使学生在与教师合作进行科研实践中提高了综合素质和研究能力。这种模式下培养的学生不但实践能力强，而且研究能力强，普遍受到用人单位的欢迎。

（三）创——开展项目学习，促进创新能力的提升

首先，根据学习任务，由教师提供典型的教学案例，从教学实情出发提出问题作为学生的研究课题，以提高学生的专业能力和适应职业环境的能力；其次，以完成课题项目研究任务为目标，遵循"一思出粗知—二论明细节—三究求突破"的学习环节，加强实践性学习指导，让学生从教师的指导中获得反馈，从而更好地进行下一步的训练；最后，以"科研项目"为载体，开展师生、生生协作的项目学习。在这一过程中，学生必须以敏锐的发现、主动的认知、开放的思维来进行项目研究，从而促进了学生创新能力的提升。

研究型教师开展项目型学习，只有遵循"学—研—创"这个"协作流程图"，才能保证对学生创新力的培养，才能使学生不断产生出丰硕的研究成果。

三、 研究型教师开展项目型学习的策略

此处仍以语文综合性学习"轻叩诗歌的大门"为例进行介绍。

（一）项目型学习实施模式的构建

"基于问题—研究学习—成果呈现"是项目型学习的实施模式。基于项目型学习的"轻叩诗歌的大门"综合性学习历经三个阶段：第一阶段，要求每一个项目学习小组每人至少搜集一首诗歌，并且写出诗歌赏析；第二阶段，在教师的指导下，项目学习小组按某个主题，编写"诗歌欣赏·XX卷"册子，如"诗歌欣赏·山水卷""诗歌欣赏·边塞卷""诗歌欣赏·思乡卷""诗歌欣赏·田园卷"等；第三阶段，由教师担任主编，学生担任编委，从各卷中精选作品编辑成书，并发布到网上。在此过程中，策

划、组织、组稿、编辑、排版、插图全由学生完成。基于项目型学习的
"轻叩诗歌的大门"综合性学习的重要意义在于，它为学生创造了一个过
去从未有过的展现舞台和发展空间。

（二）项目型学习教学体系的构建

基于项目型学习的"轻叩诗歌的大门"综合性学习的教学体系要从理
论构建、教学设计、教学实施三方面来构建。首先，教师选取富有代表性
的诗歌作为范例，引导学生深入剖析，充分讨论，从而提炼出欣赏诗歌、
写作诗歌的规律与技法。接着，从具体到一般，让学生触类旁通。一方面
要求教师掌握项目型学习的特征、洞悉语文综合性学习的规律，针对欣赏
诗歌、写作诗歌的问题归纳出具有范式意义的方法，使学生从理解到掌
握，达成学习目标；另一方面要求学生学以致用，欣赏诗歌、写作诗歌，
深入理解范例所包含的规律与技法，以保证将知识内化为能力。

（三）项目型学习训练方式的构建

以项目型学习为载体，开展"创造式参与＋研究型活动＋实践性学
习"训练，能解决语文综合性学习教学内容单一、师生互动不足、学生学
习缺乏创造性，以及学习、实践、运用相割裂等问题。在"轻叩诗歌的大
门"的教学中，教师要求学生创造性地研读诗歌，并进行表述，鼓励学生
通过欣赏诗歌发现问题，并以问题为契机，从中获得研究的主题，在提出
问题和解决问题的过程中掌握欣赏诗歌、写作诗歌的规律与技法。这一方
法是对过去的机械训练的一个重大突破。

在信息飞速发展的今天，刘海涛清楚地认识到新技术对教育的影响，于是他基于自己多年的教学实践以及研究的大量教育思想，提出了旨在培养学生实践能力和创新精神的新型教学法。

下 篇 | 教育策略

第六章　理论与实践的双向构建教学

刘海涛在 30 多年的教师生涯中，研究了大量古今中外的教育思想，更积累了许多宝贵的教学经验，这为他的教学创新打下了坚实基础。他博采众长，将理论与实践相结合，提出了 CM＋PBL 教学法和 SSZ 教学法。这两种教学法是刘海涛在现代技术背景下，结合先进的教学理念，为培养学生的实践能力和创新精神而提出的新型教学方法。

第一节　CM＋PBL 教学法

一、CM＋PBL 教学法的含义

（一）CM 教学法

CM 教学法（Case－Based Teaching Method），即案例教学法，是由哈佛大学创立的。案例教学法是在教师的指导下，根据教学目标的要求，利用案例引导教学活动，组织学生进行学习、研讨和探究的一种教学方法。[①] CM 教学法强调要以案例为基础，案例就是所讲知识点的有力"证据"，将案例作为主线贯穿于教学过程的始终，通过案例分析和讨论来提高学生分析问题和解决问题的能力。案例是 CM 教学法的基本单位，每个教学内容中必须含有一个案例，每个案例中又要包含至少一个需要解决的

---

① 王世民．浅议案例教学法［J］．辽宁教育行政学院学报，2006（6）．

问题，并且每个问题中要包含一个或多个知识点。CM 教学法侧重教师的指导作用，强调从问题的提出到问题的解决，学生都要在教师的指导下一步步地进行。

原创于美国的 CM 教学法在国外学习发展得很成熟了，但在我国，CM 教学法作为一种新兴的教学方法，运用的时间并不长，应用的范围相对来说也比较狭窄，并没有得到大力推广。近年来，随着教育的需要，这种教学方法才逐渐受到广大教育工作者的重视，在教育界得到广泛的运用。

（二）PBL 教学法

PBL 教学法（Problem－Based Learning），是以问题为中心的一种教学方法。1969 年，加拿大的麦克马斯特大学首先把 PBL 教学法运用于医学教育领域。其在医学教育中是指以临床问题作为激发学生的动力，引导学生把握学习内容的教学方法，在临床课前或临床课中，以病人问题为基础，以学生为中心的小组讨论为教学模式。20 世纪 70 年代后，在北美很多国家迅速发展起来。直到 20 世纪 80 年代，PBL 教学法才被我国上海第二医科大学和西安医科大学所引用。随着"生本"思想的盛行，教师中心论向学生中心论观念的转变，PBL 教学法日益得到重视。这一教学法的适用范畴不再局限于医学教育，而是逐渐被更多的高校，在更宽阔的领域所运用。

PBL 教学法的特点有三。其一，以问题为突破口。PBL 教学法以问题为学习的起点，学生的学习内容、学习任务来源于问题。这就要求教师在学生开展学习之前，要先提出学习任务，学生再根据这个学习任务进行有针对性的学习。其二，在 PBL 教学法中，合作学习与探究学习是被广泛使用的学习方式。教师在整个辅导过程中，其作用不是给学生提供参考答案，也不是回答学生的提问，而是启发学生思考，学生要依靠自己来解决问题。但个人力量总是有限的，为了解决问题，学生与学生之间就需要互相探讨、建立学习小组、开展小组讨论，从而形成了合作学习、探究学习。其三，需要及时的反思和评价。总结是为了提高，因此，在解决一个问题或一个单元的问题之后，要对解决问题的方法进行总结，反思在问题解决过程中的得失利弊，并进行一次总结评价。在这个评价中，学生可以进行自我评价，教师可以对学生的表现进行评价。PBL 教学法将学习与问题挂钩，要求教师设计真实的任务，强调把学生的学习设置到复杂的、有意义的问题情境中，让学生通过自主探究和合作学习来解决问题，使学生的学习能力在探究问题、解决问题的过程中得以提高。

（三）CM＋PBL 教学法

尽管以案例为基础的 CM 教学法和以问题为基础的 PBL 教学法越来越受到重视，但将两者放在一起进行比较就不难发现，这两种教学方法各具优势，但也存在不足之处。一方面，PBL 教学法作为一种新兴的教学模式在我国处于起步阶段，仍不成熟，存在师资不足、教学条件不足、无现成的教材等客观问题和传统观念根深蒂固、缺少切实可行的教学思路、缺少经验等主观问题。相比之下，CM 教学法在我国应用较早，有着较丰富的经验。另一方面，CM 教学法侧重教师的引导作用，学生主观能动性得不到充分发挥，与 PBL 教学法相比，学生不能灵活发挥其主动性。

基于 CM 教学法与 PBL 教学法的利弊，刘海涛创新性地提出了 CM＋PBL 教学法，即将 CM 教学法与 PBL 教学法有机结合起来，使两种方法合二为一。

CM＋PBL 教学法的基本思路是以问题、案例为基础，让学生在解决问题的过程中掌握解决问题的方法，最终达到解决问题的目的。具体来说，它是一种将案例与问题结合起来，通过"分析经典案例—确立问题—解决问题"达到教学目标的教学法。这一教学法发挥了 CM 教学法与 PBL 教学法的互补作用，有效地避免了因其中一方不足而带来的问题。这种教学法一改以往"以教师为中心"而实施"以学生为中心"的教学方式，注重学生亲身参与、主动实践、自主研究，这不只是"预设性课程"向"生成性课程"的转变过程，也是"知识课程"到"生命课程"的转变。①

---

① 肖芙，刘天平．网教时代的教育理想和教改方法——高校教学名师成长案例研究［J］．湛江师范学院学报，2010（1）．

二、 CM＋PBL 教学法的价值

（一）促进教师的转型

按照心理学家加德纳的多元智能理论，现代教师应该是这样的：能够在学习和教学实践中提高自己的语文智能、逻辑数字智能、空间智能、肢体动觉智能、音乐智能、人际智能、内省智能、自然观察智能等；能够对学生实施"成功的教育"。刘海涛认为，传统教师若要实现转型，就要深刻领会"教师即研究者"的理论，教师应该一边进行教学实践，一边进行教学研究，以研促教，以教促研，把两者有机结合起来。而 CM＋PBL 教学法的运用可以使教师深切领会以问题、案例为本的教学理论，促使教师带着在教学实践中遇到的教学问题或学术问题进行在职、在岗的业务进修。在进修过程中，教师运用专业知识去解决问题，最终形成教学成果。从问题到形成成果的过程，也就是专业能力转型的过程。

（二）激活学生的创造力

在 CM＋PBL 教学法的实施过程中，从确定问题到建立小组，从合作探究到成果交流，整个过程都是围绕学生展开的。这一方法给学生提供了自主学习的平台，学生根据教师给出的问题，通过小组合作、讨论，在思想摩擦、思维碰撞中提出新的想法，这些想法并不是简单的一个人的观点，而是集体智慧的结晶。学生通过这样的小组学习，扩大了自己的知识面，促进了逻辑思维的发展。同时，CM＋PBL 教学法重在实践，注重学生的参与性。在学习过程中，学生用实践来检验理论的科学性、准确性，当实践的结果与理论的阐述不一致时，学生就要全面分析问题，结合已有的知识和实际问题，找出"不一致"的原因，提出解决问题的方案。在这个过程中，学生的创造力将得到有效提高。

三、 CM＋PBL 教学法的特点

（一）双线并行

刘海涛的 CM＋PBL 教学法将教学与案例、问题结合在一起，形成了"以问题为基础、以案例为突破、以学生为中心、以教师为导向"的教学理念。首先，由教师提出学习任务或学生在教师的指导下根据学习的内容提出问题，明确学习问题之后建立学习小组，小组成员共同探讨问题。然后，学生自主学习，并将学习成果上交教师。最后，由教师对这些成果进行总结性评价。与这同时进行的是，首先，教师以导入案例的方式提出问题，把学习的任务和问题隐藏其间。然后，学生通过小组学习、自主学习等方式对教师提供的案例进行研究。最后，学生总结汇报成果，由教师进行总结性评价。这样，CM＋PBL 教学法就把学习过程分为"引出案例—研究案例—总结案例"与"确立问题—研究问题—解决问题"两条主线，这两条主线不分轻重，同时进行，是一个过程的两个方面。

（二）相辅相成

CM＋PBL 教学法弥补了 CM 教学法与 PBL 教学法的不足，使两者互补。将案例运用到教学中，解决了因教学资源、教学经验不足而阻碍教学进度的问题。基于问题的教学，为学生提供了更好的自主学习、探究学习、合作学习的平台，既发挥了学生的主体作用，又提高了学生的综合能力。CM＋PBL 教学法促进了教师与学生的双向发展，教师在案例研究中获得了更多的理论知识，而学生在合作学习中实现了多方面发展。

四、 CM＋PBL 教学法的实施流程

在写作教学中，刘海涛大都采用 CM＋PBL 教学法，成功地将"接受性学习"转变为"研究式活动"，以问题引导学习，以课题促进感悟，让

学生在案例研究、问题解决的基础上收获了丰硕的学习成果。

（一）设计问题，巧用案例

刘海涛指出，CM＋PBL教学法的第一个步骤就是设计问题，而设计问题要以案例为突破口。在CM＋PBL教学法实施过程中，教师先围绕问题选出具有代表性的案例，并将设计好的问题与案例有机地结合起来。这一阶段的工作主要由教师来完成。

设计问题看似简单，却包含着复杂的过程。首先，教师要认真研读教学大纲和教学计划，将学生的知识结构和认知水平纳入问题设计的考虑范围；其次，要查阅资料、文献，找出具有代表性的案例，必要时还要对案例进行改写或自己编写案例；最后，要将问题与案例恰到好处地运用到教学中。CM＋PBL教学法要求教师必须具备深厚的教育理论以及扎实的专业知识。

（二）建立小组，安排任务

围绕问题找出相应案例后，CM＋PBL教学法的实施便进入了分配学习任务阶段。为方便学生学习交流，教师可将学生分成若干学习小组。小组成员间互相学习、互相监督、取长补短，共同解决在学习过程中遇到的问题。

学习小组的建立，或者以自愿的方式，由学生按照规定人数自行组队；或者根据学号顺序进行分组；或者采用抽签等随机方式确定小组成员。为了方便小组学习，每个小组推荐一位组长，由组长来安排学习任务，负责收集组员的意见，协调成员间的关系等。学习小组建立后，教师将设计好的问题发给各小组。每个小组根据自己的学习任务，由组长按小组成员的情况，将学习任务进行细分。这种层层分工的方法，能够将一个复杂的问题简单化，将一个大问题分解成若干小问题，大大减小了解决问题的难度。这一阶段的活动主要由学生来组织。

（三）合作交流，探究学习

学生明确学习任务后，便可开始进行研讨。在这个过程中，学生要对教师提供的案例进行深入研读，以问题为中心，分析案例，提出解决问题的方法。需要指出的是，解决问题不是重点，掌握解决问题的方法才是重点，学生不仅要为解决问题而学习，更要为体验学习的快乐、提高研究能力而学习。因此，学生需要掌握多种学习方法，如借助互联网搜集资料、到图书馆查阅相关文献、小组开展研讨会、向专家或老师请教等。刘海涛强调，小组成员分工合作，齐心协力寻找解决问题的方法是成功的关键，而要达成这一目标，合作、探究等学习方式是必不可少的。针对问题开展研讨会、辩论会等更能发挥小组成员的学习积极性，使之在思维火花的碰撞中产生更多灵感。这一阶段的任务主要由学生来完成。

（四）成果汇报，相互进步

学生经过自主搜集资料、研读案例、围绕问题进行小组讨论，对案例的主要内容已经基本掌握，对需要解决的问题也有了一定的思考。此时，组长就可以将小组成员的意见汇集整理，并以小组为单位，推荐代表汇报学习成果。汇报者必须对小组研究的案例、研究的问题进行具体详细的阐述，对本小组的学习情况、学习进度等进行详细的介绍。这一阶段的主角是学生，而非教师。

（五）结合案例，总结评价

在这一阶段，教师既要对学生的学习成果进行总结、评价，又要帮助学生整理知识点，并结合案例进行深入的讲解。一方面，教师要指出各小组在学习中存在的问题，包括研究方法的选择、研究结果的科学性等学习上的问题，以及分工是否明确、小组成员的凝聚力如何等合作上的问题。教师的评价要具有鼓励性、启发性。有时也可设立奖赏制度，以激励学生进一步学习。学生要从教师的评价中吸取经验，以便在下一次的学习中做得更好。另一方面，教师要发挥案例的关键作用，通过分析案例总结出方

法，以解决前面提出的问题。借助案例，围绕问题，在分析案例的基础上引出知识点，解决问题，并通过案例证明答案的正确性，是教师在这一阶段的基本思路。在这一阶段，教师要发挥主要作用。

这种基于案例与问题结合的 CM＋PBL 教学法，既为学生提供了自主学习的平台，又符合现代化教育的要求，对培养创新型人才有很大的启示。

第二节　SSZ 教学法

在信息时代，人们的阅读方式不断推陈出新，尤其是数字产品的出现，使人们渐渐从纸质阅读过渡到数字阅读。其中，以手机阅读为代表的数字化阅读近年来迅速走进大众生活，成为大众喜闻乐见的阅读方式。在手机阅读中，读者可根据不同层次的学习目标和自身的喜好选择不同的阅读方式：手机浅阅读，是指以手机为载体进行快速阅读，通过训练，读者可达到"一目一屏一秒"，每秒约看 200 字的目标；手机深阅读，是指利用"听书"软件调动听觉、视觉来精读名著。阅读方式的变更拓宽了读者的视野，使读者能及时、便捷、多渠道地获取自己需要的知识。人们的阅读不再受时间、空间的限制。为了满足读者的阅读需要，网络写手、网络文学应运而生。再加上博客、微博等新技术的兴起，影响着网络写手创作的角度和方向，进而出现了"微博体"这一新文体。基于这些变化，刘海涛提出一种全新的汉语读写教学法——SSZ 教学法，旨在培育和提高学生的人文素养和写作能力。

一、 SSZ 教学法的含义

SSZ 教学法是刘海涛提出的一种依托网络进行的新读写教学法，即依托"扎克"等阅读软件，开展汉语新文体的综合性读写训练。第一个"S"代表扎客、微博等新技术。第二个"S"代表"微博体"消息、"微博体"

散文诗、微电影、微课堂等新兴文学体裁。"Z"则指一种旨在提高学生的人文素养和写作能力的综合性学习方法，包括阅读与写作的综合，课堂内与课堂外的综合，理论学习与读写实践的综合。SSZ 教学法与传统的教学法的不同之处在于，教师充分利用数字产品，借助网络进行教学，学生在网络上学习、完成作业。

SSZ 教学法是刘海涛汉语读写教学改革的产物。早在 1998 年，刘海涛就提出了"现代读写说"教学法，其代表成果是专著《现代读写说：高师写作学新稿》和 5 篇系列论文；2005 年，他又提出"新写作与新阅读"教学理念；2012 年，距 1998 年首次提出"现代读写说"教学法 14 年之后，他再次创新性地提出了以微博技术、扎克软件、数字出版为基础的 SSZ 教学法。

二、 SSZ 教学法的价值

(一) 培养理科生的文化素养

对于理科生而言，他们的大部分时间都在学习理工类知识，在长期的逻辑思维的学习和训练中，养成了良好的理性思维，有很强的动手能力。然而，由于缺乏文科类知识的熏陶，对事物的感性认识较少，因此他们的感性思维往往比较薄弱。虽然他们动手解决问题的能力比文科生强，但在情感体验上的表现却很单一，远远不如文科生的情感丰富，也不善于表达自己的情感。通过 SSZ 教学法的训练，他们能在平时的学习生活中阅读大量的文学作品，品读大量的美文名篇，摘抄好词好句，用文字在微博或博客上发表自己对生活、学习等各方面的见解。这些深入的读写能够陶冶他们的情操，激发他们对周边事物的感性思考，调剂他们枯燥复杂的"理性生活"，使他们成为"有情趣"的理科生，培养他们的文化素养和人文气质。可见，SSZ 教学法能够帮助理科生协调理性思维与感性思维之间的关系，培养理科生的文化素养。

（二）培养文科生的写作能力

在很多人眼里，文科生都能写出好文章。的确，由于文科生与文学、写作有较深接触，所以感性思维较强。长时间的阅读写作学习，使文科生对文字的触觉比理科生强，读写基础也比较扎实。在此基础上，再借助SSZ教学法让文科专业的学生进行系统的学习，就会加大他们的文学阅读量和写作训练量。他们通过各种网站进行阅读或发表学习成果，就相当于他们在读写上进行了进一步的学习和训练，有助于提高他们的读写能力。总而言之，SSZ教学法的实施，相当于使文科生在平时的写作训练基础上进行了再次学习，最终他们的写作水平会比普通教学法下的文科生略胜一筹。

（三）提高师范生的专业技能

对于师范生而言，他们需要掌握很多专业技能，其中一些技能就与读写能力有关。例如，教师的讲授技能、说课技能、解说技能等。教师若想将知识点讲通讲透，使学生明白，就要有良好的口语表达能力，要陈述清晰，符合逻辑；教师若想扮演好班级领导者的角色，更好地组织班级开展各项大小事务，就必须有很好的口语交际能力，而这些都与读写能力有关。师范生通过SSZ教学法的训练，既能学习班级管理的方法，又能学习组织活动的方法，将读写与教学技能结合起来，在阅读中提高读写能力，提高专业技能。

三、 SSZ 教学法的特点

（一）独特的教学准备

SSZ教学法需依托网络实施，这就决定了基于SSZ教学法的教学设计要充分考虑互联网、数字产品的作用。因此，为保证教学质量和教学效果，教师需引导学生做好相关的学习准备工作。首先，智能手机是最基本的学习设备，学生要随时随地能通过智能手机进行阅读、学习。在此基础上，经济条件好的学生还可以购买一台电脑。其次，每位学生都要注册一个 QQ 账号，用于学伴间的交流学习。同时，为方便交流，可以建立班级 QQ 群、小组讨论群等。最后，也是最关键的一步，必须在网络环境下开展教学活动。

（二）新型的教学平台

刘海涛借助网络技术，创建了不同于传统教学平台的网络化教学平台。这个教学平台可以是智能手机，也可以是台式电脑。经过多年的探索与实践，刘海涛还建立了多个课程网站，这些网站共同构成了网络化教学平台。教师可以根据不同的教学内容，选择不同的教学平台进行教学。

（三）明确的培养目标

刘海涛将新读写培养目标分为 0 级、1 级、2 级、3 级四个层次，这四个层次的目标是阶梯式上升的，有着层层递进的关系。其中，0 级目标层次的 SSZ 学习者处于学习的初级阶段，他们只需要会写手机短信、会 QQ 聊天即可。0 级目标是最简单的目标，学习者无需花费多少时间和精力就可以掌握；1 级目标层次的 SSZ 学习者能熟练地利用微博的传播功能，将生活、学习上的有趣之事写成文字，并发表；2 级目标层次的 SSZ 学习者能有部分优秀博文在传统媒体上发表，他们将来的职业走向可能是记者、编辑、秘书或教师。这就要求他们不仅要会发微博，还要能写篇幅较长的博文，且文章要达到一定的水平；3 级目标层次的 SSZ 学习者是四阶梯训练目标中水平最高者，他们能在微博平台上编辑出版电子书，能在网站任职，甚至有自己的工作室。

四、 SSZ 教学法的实施流程

SSZ 教学法的实施需经历三个阶段。首先，引导学生利用微博、博客等获取足够的信息，阅读大量的文章。只有在阅读中挖掘出适用的信息，

才能为接下来的创作打好基础，刘海涛称这一阶段为"筛选、研究、开发信息源"阶段。接着，便可引导学生学习这些文章的精髓，并鼓励学生将这些优秀的文章、作品传播给更多的人，刘海涛称这一阶段为"学习、传播、分享好博文"阶段。最后，学生进行创造性学习，运用新方法进行创作，刘海涛称这一阶段为"学习、归纳、训练新文体"阶段。

（一）筛选、研究、开发信息源

SSZ 教学法是依托网络而实现的，它的第一步工作就是通过微博、博客等平台注册个人账号，再通过这个账号来关注更多的微博、博客，并筛选、分析、开发信息源。所谓筛选、分析、开发信息源，是指学生利用微博的关注机制，在网络上有选择地关注自己需要的信息。我们知道，微博有"关注"功能，只要在他人微博上点击"关注"图标，即可一键关注。关注后即能成为该微博的"粉丝"，可随时随地访问该微博，获取自己的信息源。需要注意的是，不同专业的学生可以选择不同类别的微博关注对象，如理工科学生可关注一些科技网站、科普作家、科技名人；文史科学生可关注一些人文网站、社会科学、作家名人。在筛选、分析、开发信息源这一阶段，学生获取信息的多少取决于关注对象更新微博的程度。假若该关注对象坚持每天更新一定量的博文，则学生就能从中获取较多的信息，反之则信息较少。

（二）学习、传播、分享好博文

学生通过微博筛选、分析、开发自己的信息源后，便可展开自主学习。在这一阶段，主要是利用微博的分享机制学习、传播公共知识和文化信息。微博分享机制，是指微博具有的共享、转发功能。学习者在关注他人的微博后，会阅读到很多优秀的博文，如果遇到一些美文，就可以转发到自己的微博中。这些美文转到自己的微博后，自己的粉丝就可以阅读到，同时也可以转发。如此一来，一条优秀的博文就可以一传二、二传三地被转发多次，被更多的读者阅览到，实现公共知识和文化信息的传播。在这一阶段，学生要虚心学习、赞赏、传播他人的优秀博文。寻找一个好微博，将这个微博作为"另一个老师"，进行课堂以外的学习，这是一种社会性学习。教师也可以利用微博这个平台来教育学生，如关注一些好的微博，经常转发一些具有启发意义的博文，并加以点评，在"微博式"的隐性课堂中教书育人。

（三）学习、归纳、训练新文体

通过前面两个阶段的学习，学生已经阅读和吸纳了许多优秀的博文。在这一阶段，教师要引导他们通过分析、归纳，将所收集到的信息内化为自己的知识，并总结出一套有规可循的写作模式和写作技巧。刘海涛认为，博文作为一种新兴的文体，在写作手法、叙述方式、文本篇幅等方面与传统的文体有很大的差异，这些不同学生是可以发现的，但此时由于他们缺乏系统的总结和归纳，尚不能从理论层面对之进行阐述。所以此时教师应该将重点放在让学生通过筛选、汇集高质量的信息源，在阅读博文中学习、归纳写作模式和写作技巧上。让学生学会依托网络来进行写作训练，是这一阶段的主要任务。

第七章　教学与研究的双向促进教学

刘海涛认为，理想的教育就是学生能充分发挥个人主观能动性，进行快乐的学习。学生要"站起来"学习，进行独立思考，并在长期的学习中培养出一定的科研能力，最终将科研、学习与社会经验相结合。基于这一教学思想，刘海涛先后提出了产学研一体化教学模式和教研创一体化教学模式。

第一节　产学研一体化教学模式的开拓

一、产学研一体化的含义

产学研一体化最先被运用于企业。在企业中，产学研一体化就是将企业现有的研究成果转化为适应市场需求的产品，再把部分产品的盈利投入科研中，开发出"含金量"更高、市场适应性更强的产品。也就是"以产养研，以研促产"的企业经营方式，这里的产学研一体化是企业的一种经营方式。在从商业角度理解产学研一体化的基础上，刘海涛结合自身的教育实践经验，将教育与社会、与企业有机结合起来，创新性地提出了产学研一体化教学模式。

何谓产学研一体化教学模式？刘海涛认为，产学研一体化就是将产、学、研三者有机地结合起来，使之形成一个统一体，即将相对独立的三种行为凝聚在一起的一种人才培养模式。在这个统一体下，产、学、研不是各自独立分开的个体，而是相互影响，相互作用的有机整体。更进一步讲，产学研一体化是一套完整的教学模式，在这个模式下，高校的职能不再仅仅停留在教学层面，而开始从教学发展到科研，再从科研发展到社会服务。如此一来，与"产"相对应的是"社会服务"，即学生在经过长时期的科研之后，将科研成果转化为物质产品，这种物质产品能够满足人们的生活需要、精神需要，或者更高级的需要；学生最根本的任务就是学习，就是接受教育，这里的"学"对应的就是"教育"，指学生在教师的指导下，学习理论知识、先进思想；"研"顾名思义就是"科研"，学生在学习的同时开展科学研究，以满足其对新知识的渴求。渐渐地，科研就成为高等教育的一部分。在这样的情形下，就形成了产学研一体化教学模式。经过多年的教育实践，刘海涛证明了产学研一体化教学模式并非是深不可测的理论思想，而是一套适应现代教育发展的教学模式，对开拓学生的思维、培养社会需要的人才具有重要的意义。

二、 产学研一体化教学模式提出的背景

产学研一体化教学模式的提出，主要基于学校教育的发展、科学技术的发展以及经济全球化的发展。

（一）学校教育的发展

高等院校产生的最初，是为了满足社会对人才的需要，所以高等院校产生时的基本任务和功能就是培养社会所需要的、高素质的、能够改造社会的专业人才。为了实现这个目标，我国的教育长期以来形成了这样一个局面：高等院校将固有的思维模式灌输给学生，培养出来的学生就像一条流水线上生产出来的产品，思想、技能大同小异，缺乏创新性。然而，与之不相称的是，随着科技的发展，信息的传播途径越来越丰富，范围越来越广，高等院校的职能发生了变化，使原来只承担教育责任的教学变得身兼多职：既要协调好教育职能，又要肩负科研、服务社会等任务。这使得科学研究在高等院校中逐渐找到了自己的位置，再加上自然科学的诞生，其为科学研究提供了条件，教师在进行教学的同时，开始进行一些科学研

究，学生也能在教师的指导下，参与科研，提升自己的科研能力。以上这些教育现象的出现，推动了学校教育的发展。随着学校教育的发展，为了适应这些变化，高等院校必须转变人才培养模式。就在这样的环境下，产学研一体化教学模式应运而生。

（二）科学技术的发展

李德仁教授在《高校产学研一体化发展的实践与前瞻》中提出，整个人类社会的发展经历了资源经济（农业社会）、资本经济（工业社会）到知识经济（信息社会）的三个历史阶段。人类的文明和科学技术的进步，特别是 20 世纪 50 年代前后，随着信息论、控制论、电子计算机的出现，大大加速了科学与技术、技术与实践的发展速度。摩尔定理的出现，表明了从概念的形成与基础研究到成果产品化的周期可以大大缩短。在这样的形势下，高等学校，尤其是实力雄厚的综合性大学，必然要面对社会对教学、科研和成果产业化三个方面的强烈需求，于是产、学、研一体化发展作为历史的必然，提到了日程之上。[①]

（三）经济全球化的发展

进入 21 世纪，世界各国不再是分裂的个体，各国之间经济、文化、政治交流十分密切，形成了经济全球化的趋势。经济全球化的世界格局给我国带来的既有机遇，又有挑战。一方面，我国可以紧跟世界潮流，借助他国的先进技术、新兴产业发展经济，创立品牌，从而推动经济稳定发展；另一方面，发达国家在经济上的统治地位威胁着我国经济的发展。为了在经济全球化这个大环境下站稳脚跟，我们必须打破陈规，将新的产业革命与教育、科研、生产结合在一起，用科学技术推动经济的发展。基于"将产业与教育、科研、生产相结合"这一经济发展思想，刘海涛提出了适用于高等师范院校的产学研一体化教学模式。

---

① 李德仁．高校产学研一体化发展的实践与前瞻 ［J］．世界科技研究与发展，2003（6）．

三、产学研一体化教学模式的特点

(一) 实践性

实践性是产学研一体化教学模式的首要特点，从学习到参加科研，再到生成科研产品，是一个实践论证、实际操作的过程，并不是纸上谈兵。

刘海涛强调，教育作为一种改造人的活动，要让学生在学习过程中真正体验到学习的快乐，而学习的快乐来源于学生的亲身经历。尤其是高等教育，更应该注重学生的实践性。躺着思想，不如站起来行动。产学研一体化的教学模式，要求学生在教师的指导下，既能够被动地接受教师传授的知识，又能够积极主动地参与到教师的科研项目中去。学生参与教师的科研项目，本身就是一个实践的过程。在这个过程中，学生走出传统课堂，开展项目研究，提高了动手实践能力，培养了科研能力。

(二) 科研性

产学研一体化的教学模式强调，学生要在教师指导下将习得的知识、方法作为理论基础，进行科研创新。依据已有的知识进行开拓创新，培养创新能力，这就要求学生要参加项目学习，开展科研活动。学习项目的选择，可以依据专业属性的不同进行灵活变通。同时，每一个科研项目的开展，并不是由学生独自完成，而是在教师的指导帮助下进行的，从课题的选择到课题研究的开展，学生都能向教师提出问题，并根据教师的指导一步步完成学习项目。在这个过程中，学生要抱着严谨的科学态度和吃苦耐劳的精神真真切切投入到科研中去，要意识到团体合作的重要性。刘海涛建议，在进行科研以及参加项目学习的过程中，教师应引导学生树立长期目标和短期目标，规划合理的目标能够增加目标实现的可能性，给学生更多的信心。在一步步攻克目标之后，学生便能形成一定的科研能力，这对于本科院校的学生来说无疑是种宝贵的锻炼机会。

（三）社会性

高等院校是一个知识和智力高度密集的地方，在人才、科研、设备等方面都非常有优势。但是，在市场经济条件下，如何让高等院校的科研成果形成产业呢？这就要求高校与社会企业之间要建立互助关系，设立共同的人才培养目标，这体现出了产学研一体化教学模式的社会性。一方面，产学研一体化的最终目标，是将学校教育与社会联系在一起，将在教育中产生的科研成果投入社会的物质生产中，使教育服务于社会。同时，社会才是真正的检验师，科研成果如何，社会最终能够做出准确的评价，这就使得产学研一体化的教学模式具有了一定的社会性。另一方面，高等院校在这一教学模式的引导下，并不是封闭式的校园教育，而是以开放的态度与社会接触，从而获取更多的资源。在产学研一体化教学模式下，学生先进行学习，然后利用获得的知识进行科学研究，最后将科研成果转化成物质产品，这些物质产品或者能满足人们的精神需要，或者能满足人们的物质需要。这些物质产品依赖于社会得以传播，且服务于社会，这就是产学研一体化教学模式的社会性。

四、 产学研一体化教学模式的实施策略

（一）与院校性质、专业紧密联系

不同性质的高等院校设置的专业不同，同一专业在不同的院校也具有不同的特点。在我国众多院校中，约有两百多个不同类型的专业，产学研一体化教学模式要因专业而异，善于利用专业的特色，将专业与教学模式理想地结合在一起。刘海涛所提出的产学研一体化教学模式，主要面向师范院校，适用于师范类的高等院校。刘海涛认为，师范院校的主要任务是培养具备强大创新力的师范生，毕业后，他们将走上工作岗位，成为人民教师。因此产学研一体化教学模式在师范院校的运用，意味着教师要充分考虑学生应学习哪些知识，学生的研究课题应怎样选择，科研成果要通过

什么方式转变成物质载体服务于社会等问题。以刘海涛所教授的"写作"为例，学生的学习内容应该是学习写作等；科研的方向应该是与写作有关的诸如小说写作、散文写作之类的研究；科研成果应该以论文形式发表或是以专著方式出版。

马克思主义辩证观告诉我们，具体问题要具体分析。产学研一体化教学模式并不是高高悬挂在空中的不实之物，它有其一定的思路和方法，只是不同的专业、不同的学科呈现出不同的性质而已。

（二）充分运用现代新技术

产学研一体化的教学模式本身就是随着时代发展而必然出现的一种具有时代气息的教学模式，因此更需要网络技术的支撑。

刘海涛虽是出生于五十年代的老一辈教师，却是名副其实的高新技术"发烧友"。在大多数人眼里，老教授大多会是一副老学究的模样，他们不愿意利用现代信息技术来进行学习和教学，比起在电脑前敲打键盘，他们更愿意以笔代"脑"。刘海涛不是，他十分提倡学生借助现代信息技术进行学习，也善于运用现代信息技术进行教学。他鼓励学生利用现代信息技术学习写作、发表文章等。现代信息技术，丰富了学生的知识面，大大拓宽了知识的获取渠道，也使学生的研究成果得到了很好的推广，起到激励与促进的作用。比如，学生可以通过微博随时随地地进行学习、交流；通过网上建立班级群，可以在班级群里交作业、交流经验、发表自己的学习体会等。这有力地促进了产学研一体化教学模式的实施。

（三）充分发挥个人主观能动性

在产学研一体化教学模式中，教的主体是教师，学的主体是学生，其中更加侧重的是学生的学。以学生为中心的教学模式，强调学生主观能动性的发挥。刘海涛认为，学生的主观能动性对学习效果的好坏有着重要的影响，产学研一体化教学模式不仅能使教师快乐地教，还能使学生快乐地学。在这个过程中，学生的思维得到了发展，学生有了自己独特的想法，能够将自己学到的知识与个人经验结合起来，进而产生新的思想火花。而

且，产学研一体化教学模式中的"研"指的是科研，开展科研活动，进行项目学习，是一种创造性的活动，也需要学生充分发挥个人的主观能动性。

产学研一体化教学模式在我国是一种新生的教学模式，发展尚未成熟，依然存在许多的不足，面临很多的挑战。李德仁教授对加快高校产学研一体化发展从另外一个角度提出了几点建议：高校产学研一体化发展必须转变观念，积极参与社会经济大循环；推进高校产学研一体化要有过硬的产品和准确的市场定位；高校产学研一体化发展要依托高科技园区，切实解决经费投入等问题；高校产学研一体化发展要突出以人为本的思想，努力造就发明家、企业家。刘海涛在产学研一体化教学模式道路上孜孜探索，为推广和完善产学研一体化教学模式做出了卓著的贡献。

第二节　教研创一体化教学模式的创新

一、教研创一体化的含义

早前，广东技术师范学院提出了"双师型"教师的概念。所谓的"双师型"教师，简单来说就是"教师"和"工程师"的相加。新一代的教师，不仅要具有良好的教学技能，还要具备一定的科研能力；不仅要有满腹的学识，更要能创造出更多的知识。"双师型"教师最初提出时，面向的群体是硕士生以上学历的教师。随着知识的普及和人才素质的提升，刘海涛认为"双师型"教师的培养对象同样可以是本科师范生。基于"双师型"教师理念，结合写作课程，刘海涛认为，一名"双师型"教师，不仅要擅长写文章，还要擅长教学生写文章，更要擅长开展科学研究工作。于是他提出了"教研创能力"这一概念，随着"教研创"内涵的发展，他又将"教研创"引申到一个更高的高度，最后提出了教研创一体化这一概念。

"教研创"即对一门课程的"教学、研究、创作"的浓缩表达。教研创一体化是刘海涛在研究写作课程的基础上提出的一种教学模式。所谓教研创一体化教学模式，就是将"教学、科研、创作"三者有机结合起来的一种教学模式。"教"指教学能力，如写作教师的教学能力不仅体现在教学内容精彩绝伦，还体现在语言表达生动，学科的信息量极大上，他们的写作课犹如一门说书艺术；"研"指科研，他们从事科研活动，而且硕果累累；"创"指创作，他们还是某一文体的出色作家，有时还可以进入某种文体的创作前沿。简而言之，教研创一体化就是指教师对于"教学、科研、创作"这三辆"马车"，都能游刃有余地驾驭，表现出较强的创造性和创新性。

二、 教研创一体化教学模式提出的背景

（一）大学语文的学科性质

刘海涛认为，大学语文课程的性质决定了大学语文学科需要开展"教研创"三位一体的课程活动。大学语文课程旨在提高学生的人文素养、口头表达能力以及书面表达能力。另外，写作课程本身就带有"成功教育"和"素质教育"的性质，需要教师以形象和素质构成的人格魅力来激发学生的学习兴趣和动力。写作课程的学科性质决定了语文的一些不可教性更需要教师个人的成功体验和个性化的教学方式来构成课程的隐形教学内容，于是产生了教研创一体化教学模式。

（二）写作教师的专业化建设

写作教师的专业化，表现为写作教师具备"教研创"能力。美国的高校，大都聘请当代著名的作家来当写作课教师。从国外对写作教师的高要求可以看出，高校和社会对写作教师的期待越来越高。而写作教师的专业化常常体现在既能出色地进行教学，又能卓有成效地从事大学语文课程的教改和科研，还能身体力行地从事创作活动，并能以一些优秀的作品来提升自己的知名度，从而形成一种感召力，潜移默化地影响学生。教师写作

水平的不断提高，使教师在教学上有了新的思考，他们开始尝试用新的教学方法来提高学生的写作水平。由此，刘海涛提出了基于写作课程的教研创一体化教学模式。

（三）现代写作教师的核心竞争力

刘海涛认为，在这个信息量极其丰富的社会，我们不仅要学会如何获取信息，更要学会如何将获得的信息经过加工后，以自己的方式表达出来，最后形成独具特色的信息再传播出去。尤其是教书育人的教师，更需要具有良好的表达能力，在获取知识和信息后要有自己独特且睿智的想法，并能将这些想法传达给学生。归根到底，语言对于教师而言十分重要，读写能力是现代教师的核心竞争力。真正具备这种核心竞争力的教师，不仅能教授知识给学生，还能在读写上有所深究，更能进行创作。要提高现代教师读写能力这一核心竞争力，教研创一体化是最佳教学模式。

三、 教研创一体化教学模式的特点

同样作为教学模式，教研创一体化有着与产学研一体化相似的地方，但也有着自己的独特之处。

（一）特殊的服务对象

与产学研一体化教学模式不同的是，教研创一体化教学模式有其独特的服务对象。教研创一体化实际上是指"教学、研究、创作"，这里的创作主要是指写作。"教研创"的独特内涵决定了这种教学模式要服务于大学语文或者与语文有关的专业学科，如语文教育等。

在我国，语文学科虽然是一门与母语有着密切关系的学科，但长期以来语文教师的"教研创"能力并没有受到重视，正如刘海涛所讲的，语文学科并没有展现自己的学科独立性（往往依附于文艺学、语文教学论或现当代文学等学科）；语文教师没有自己的学术地位和专业位置，语文教研室的教师有着明显的流动性和边缘化特点。语文学科很难积累起丰厚的学术成果来纠正人们对它的偏见，改变人们对语文教师的偏见。

教研创一体化教学模式是为了挽救语文教师地位、促进语文教师专业化而提出的。可见，教研创一体化教学模式并不是一套万能公式，并不适用于任何一门学科和任何一名教师，它有自己独特的服务对象。

（二）依托网络技术得以实现

在信息技术高速发展，且已融入学科教学的时代，已经具备了培养、提升语文教师教研创专业能力的环境和条件。同时，互联网的出现，为写作教师实现教研创一体化提供了技术上的保障。

刘海涛指出，教师的教研创能力具有创新性和创造性，离开了信息技术，教师将无法培养"教研创"三位一体的教学实践能力，学生也无法形成这种素养。在网络世界里，语文教师、写作教师能够快速而便捷地搜索各种资料，获取来自各个领域的最新信息，从而进行自己的作品创作，并在网络上发表，这些都得益于网络。利用网络传播语文知识、写作知识，是一个不可抵挡的潮流。

从现代教育技术的角度来看，网络和网站的逐渐完善，使语文教师培育自己的教研创专业能力、改变教师形象有了新的可能性和突破口；使写作教师在创作上有了新途径、新空间。

四、 教研创一体化教学模式的实施策略

借助现代教育技术，建立一个教研创一体化的课程网站，是实施教研创一体化教学模式的突破口。在这个课程网站上，教师和学生能够利用海量的写作资源进行训练和创作。这使师生作品的发表空间得到了拓展，教师的教与学生的学都有了新的模式和方式，教师与学生都能够根据自己的具体情况在这个平台上学习、创作和发表作品。

（一）针对教师的教研创一体化教学模式实施策略

对于从事语文教学的教师来说，他们可以通过这个课程平台来培养和

提升自己的专业能力。而能够在教研创一体化课程网站上有效地进行教研活动的前提就是要懂得利用搜索功能寻找和整理有关资源。同时，教师可以将自己的教学体会、教学随笔、教研论文等上传到网站上，这种方式能激发写作教师的教学兴趣，化解写作教师的"学术自卑情绪"，有助于写作教师树立新形象。

以上这些只能培养教师的基础教研创专业能力，语文教师如果想有更高的追求，朝着更好的方向发展，向更高的教研境界进军，申请高级别的教改项目，乃至使自己所在的学校或教研室成为试验单位，用所申请的教改项目促进自己的专业学习和教学改革，则要进行更深入的学习。譬如开展教学实验工作，出版新形态教材等。这样一来，其教研成果得以发表，教学模式有了改进，教学方法有了革新，最终将成为这一领域的佼佼者。

（二）针对学生的教研创一体化教学模式实施策略

除了教师外，学生同样可以在教研创一体化课程网站上开展研究性学习。这种学习方式有一个很大的优点，就是在网络技术支持下，学生能够获得更丰富的资源、更多的作品发表渠道。学生可以自由地在网上发表自己的学习成果，体验成功的喜悦。

学生进行科研学习，除了参加科研项目外，还可积极参加科技竞赛。"挑战杯"大学生课外学术科技作品竞赛是一场科研竞技，犹如学术界的"奥林匹克"。大学生应该积极参加竞赛，在比赛中学习、研究，在研究中提高能力。每届"挑战杯"竞赛刘海涛都会组织学生参加，从研究课题的筛选、研究方法的选择，到研究成果的发表，他都会给予学生具体指导。学生参加此类科技竞赛，是实现科研最直接的手段，也是教研创一体化教学模式得以实施的最直接的方法。

教研创一体化教学模式使教师在教育学生过程中培养和提升了自身的专业能力，使学生在学习过程中培养了创新思维。

刘海涛根据多年的教育实践提出的产学研一体化教学模式与教研创一体化教学模式，打破了传统的人才培养模式。他将培养创新型的，具有科研能力、动手操作能力的人才作为教育目标，真正体现了高等教育的意义。在应试教育的背景下，产学研一体化教学模式与教研创一体化教学模式的实施能够有效缓解学生"高分低能"的尴尬局面，使学生对于学到的知识点，不仅知其然，也知其所以然，并能将这些知识运用到日常生活、社会生产中。相信这两种教学模式都将在未来很长一段时间里，越来越受到教育界的重视和推广。

第八章　网络与课堂的双向结合教学

　　随着网络技术的迅猛发展，人们的生存方式和学习方式正在经历着一场巨大的变革，为求得生存与发展，社会要求我们必须学会学习。同时，人类对知识、能力、竞争等概念产生了新的认识。对于学校教育来说，重要的不是让学生掌握多少现成的知识，而是要让其学会获得新知识的方法，提高创造新知的能力。网络环境下的教学强调把学生置于一种动态、主动、开放、多元的学习环境中，以使学生养成主动探究的习惯和能力。传统的教学习惯于静态练习与机械灌输，学习环境封闭、单一，其结果往往是学生的实践能力很难生成，创新的灵光难以闪现；网络环境下的教学将给学生提供动态的学习资源、主动的学习地位、开放的学习时空和多元的思考方向。网络环境下的教学，将有助于学生实践能力与创新精神的培养与提高。刘海涛清楚地意识到，网络已对教育提出了新的要求和挑战，于是他倡导网络与课堂的双向结合教学，大力推进教学与学习的数字化改革，可谓是网络与课堂的"联姻人"。

第一节　数字化读写的转型

　　随着新传播媒体的席卷而来，大众文化被裹挟到文学的滩头。以互联网为标志的数字媒体一马当先，在读写变革中扮演着传播与启蒙的双重角色，读写方式开始从"人工化"向"数字化"转型。在这一转型期，刘海涛大胆地提出了"互联网＋新技术＝数字化读写"的教学策略，实现了数字化读写的转型，开创了一个写作教学新天地。

一、 网络背景下的阅读形态

在漫长的历史长河中，人类经历了"口语传播时代—书写传播时代—印刷传播时代—电子传播时代—网络传播时代"几个阶段，相应的，人类的阅读方式也经历了"口语—书写—印刷—数字化"的发展历程。如今，以数字阅读为主要标志的新型阅读形态已成为网络时代文化传播的核心方式。所谓数字阅读指的是阅读的数字化，主要有两层含义：一是阅读对象的数字化，也就是阅读的内容以数字化的方式呈现；二是阅读方式的数字化，也就是阅读的载体、终端不是平面的纸张，而是带屏幕的电子仪器。刘海涛认为，数字化阅读主要有台式电脑的在线阅读、移动电脑的终端阅读、随时随地的手机阅读三种形态。

（一）台式电脑的在线阅读

台式电脑的在线阅读主要通过配置光盘、影碟机、电脑音箱、屏幕显示器等硬件设备，来实现阅读需求。台式电脑在线阅读让绝大多数读者可以根据自身的需要进行操作，改变了传统的枯燥单一的书本阅读，不仅便捷，而且愉快。台式电脑在线阅读在很大程度上实现了阅读的音效化和图像化，让读者在图声相容的氛围中轻松进行阅读。要实现高质量的台式电脑在线阅读，可以配置大屏幕显示器、蓝光影碟机、高保真电脑音箱等，这样便能轻松收看、播放网络上的公开课或"百家讲坛"之类的光盘，收听有声书，实现便捷、愉快、形象生动、信息丰富的数字阅读。同时，读者还可以通过台式电脑在"静雅思听"网站，或在"超星"网站来实现更大空间、更多形式的阅读。刘海涛将台式电脑的在线阅读概括为"改造自己的书房"，形象而生动。

（二）移动电脑的终端阅读

移动电脑的终端阅读是指在移动电脑上，读者根据自身需要，下载相应的阅读软件，实现不同方式的阅读。通过移动电脑进行阅读的对象主要

是网络新闻、网络文学和网络杂志。如读者可在平板电脑上下载"读览天下"客户端，成为它的 VIP 会员后，便可随兴趣浏览几百种中文杂志。还可根据自己的专业或兴趣建立一个"电子报亭"，按需要下载如《读者》等杂志来精读，实现"经典式精读"。

（三）随时随地的手机阅读

随时随地的手机阅读是移动阅读的主要方式之一，它的基本原理跟移动电脑的终端阅读原理相似，即读者在移动手机上，根据自身需要，下载相应的阅读软件，实现不同种类的阅读。但是，手机阅读比电脑阅读显得更为方便易携，它可以紧随读者实现"随时随地"阅读。网络环境下，读者可在智能手机上下载安装"扎客""云阅读"等软件，实现浏览式浅阅读。

二、 数字化读写新技术

刘海涛指出，在网络时代，人们并不缺少信息，缺少的只是将信息转化为知识、内化为素养的能力。在这样的背景下，学生并不缺少写作素材，缺少的只是一种新的写作观念和能力。在网络技术支撑下，刘海涛借助数字资源构建了"云阅读＋云笔记＋微博客"数字化读写模式。

（一）云阅读：数字化读写的筛选工具

云阅读，是指通过各种阅读软件（比如扎客）在手机上建立私人藏书库，以便于系统阅读。有了云阅读这个读写平台，就可以下载上千种杂志或其他阅读资源。大多数电子书会免费让读者试读一章，以激发读者的购买欲望。此时，读者就可以先通过云阅读进行浏览式阅读，然后再确定是否购买。这使读者有了更多的选择权，实现了阅读的有效化和质量化。云阅读让我们的阅读方式发生了颠覆性改变，它是数字时代可以实现有效阅读的筛选工具。而阅读的筛选，同时也是写作的开始。

（二）云笔记：数字化读写的"资料库"

云笔记，是指用"数字笔记"整理阅读资源、写作素材等。而这个"数字笔记"实际上是指有道云笔记，是 2011 年由网易公司推出的笔记软件，可以自动同步笔记到云端和各类设备，可支持多种附件格式。有道云笔记可以用云存储技术帮助用户建立一个能轻松访问、安全存储的云笔记空间，解决个人资料和信息跨平台跨地点的管理问题。与云阅读相比，云笔记在储存方式上有了更进一步的发展。在云阅读中，我们若想将看到的东西保存下来，只能截图。而如果保存到有道云笔记，所截取的阅读资源便变成了可编辑的文档，连照片、图片、文本都可以以可编辑的方式保存下来。如果用户要保存网址，直接点击网址便可。作为数字化读写的重要工具，云笔记有效实现了数字化"读"与"写"的双向结合，赋予了学习者更多自主权，成为写作教学的重要的技术依托，是建设读写数字资源的重要"资料库"。

（三）微博：数字写作的"出版社"

数字技术的飞速发展，催生了一系列广受网民喜爱的媒体新形态，微博就是典型代表。

微博是一个基于用户关系的信息分享、传播及获取的平台，用户可以通过各种客户端组建个人社区，以 140 字左右的文字更新信息，并实现即时分享。

刘海涛曾将微博形象比喻为"自己学习和成长中的自媒体，相当于自己办了一个杂志社或出版社"，它集网络发表、电子文集、数字出版于一体，是阅读与写作全数字化的重要平台。微博在数字化读写中的一个重要作用就是发表，它与云阅读、云笔记相结合，是实现数字化读写的最后环节。比如，用户注册个人微博账号后，可以先通过云阅读进行选择性阅读，然后经过筛选，将有价值的阅读资源保存到云笔记中，形成个人"数字笔记本"。此时，可随时对"数字笔记本"里的阅读资源进行编辑、改写、评论等，最后借助微博平台发表、转发、分享出去。

从云阅读到云笔记再到微博，这一完整的数字化读写活动，都可以在手机上实现。假如一部可联网的移动手机，里面一共容纳了五千本书，并安装有云阅读、云笔记、微博、扎客等软件，这部手机便成了个人的"数字笔记本"，用户可随时随地进行数字阅读、数字写作以及数字出版，实现一种"移动学习"。

三、 数字化读写的存在价值

网络数字技术的高度发展，势必从外部框架和内部结构上全面"颠覆"传统文艺的存在方式。这场由高科技文学生态所酝酿的文学变革通过对文本书写方式、文本传播方式、文本接受—批评方式的大换血，使得文艺存在方式呈现出全新的面貌。[①] 出现了依附于网络存在的数字化读写，其有着不可估量的存在价值。

（一）阅读的选择性

数字媒介在将传统的读写方式推向数字化的同时，也赋予了读者更为自由的文本选择权和自主的文艺批评权。首先，百度、Google（谷歌）等功能强大的搜索引擎工具，为读者提供了丰富的阅读资源，且十分方便。例如，在百度上输入"有道云笔记"，便可找到相关结果约 600 多万个，用时 0.001 秒，这显然优于在图书馆翻天覆地地查阅，使读者可以不用通过第三者（如图书馆的工作人员）就能够阅读到自己想要阅读的书籍和资源，并在阅读对象上有了更多的选择性。其次，网络的批量化创作，也给读者提供了更多的选择余地。例如，随着 1994 年国际互联网进入中国内地，各种文学网站如雨后春笋般"冒"出来。据 2001 年数据统计，全球中文文学网站大约有 3720 个，中国内地有以"文学"命名的综合性文学网站约 300 个，以"网络文学"命名的文学网站 241 个，发表网络原创文学作品的文学网站 268 个，小说网站 486 个，诗歌网站 249 个，散文网站

---

① 欧阳友权 . 数字媒介下的文艺转型［M］. 北京：中国社会科学出版社，2011.

358 个，发布剧本的 75 个，发布杂文的 31 个，发布影视作品的 529 个。[①]
这些网站的建立，使得读者可以及时阅读到最新的原创作品，实现阅读的
时效性。再次，网络技术让读者的阅读由结构性向非结构性转化。传统的
印刷作品，其情节叙述的顺序通常都是固化的、线性的，只能按照固定的
顺序一页一页地往下读。而网络作品（尤其是超文本新作品）通常是一种
非线性、待组合的形态，常常是将文本、图表、音频、视频、动画和图像
等因素通过链接建立起联系，满足了读者非顺序地访问信息的需求，读者
可根据自己兴趣、目的的不同，进行选择性阅读。超文本链接使网络作品
极大地成全了读者阅读的自主性和选择性。

（二）书写的狂欢性

在数字化读写技术的支撑下，文学作者群的数量呈现出空前扩大的趋
势，一切喜爱文学、喜爱书写的人都获得了畅所欲言的表达权。在传统的
文学读写中，读者的声音很少为创作者所知，创作者只能通过自己作品的
销量大概了解其作品是否为读者所接受。而在数字化读写中，网络数字技
术为人们提供了一个非常广阔的、可以自由言论的"言论场"。不但创作
者可以通过 QQ、E-mail、BBS 等与读者进行深入、细致的交流，读者也
可以借助云阅读、云笔记、微博、论坛、QQ 空间、微信等互联网平台，
随时对大量的网络文本进行研读，并进行自由的文艺评论、文艺批评，还
可以通过改写、缩写、仿写等方式对原创作品进行"再创作"，有效实现
读与写的双向互动。随着数字媒介的不断升级，还催生出了种类繁多的数
字化读写文体，如手机小说、博客新闻等，这都是数字化读写的新文体。
由此还连带出了网络读写平台向创业平台的转型，涌现出了一批以读写为
主业的网络写手，或是以读写为副业的业余作者。这便是数字技术背景下
的读写为文学创作所带来的狂欢效果。

---

① 欧阳友权. 互联网上的文学风景——我国网络文学现状调查与走势分析［J］. 三峡大学学
报（人文社会科学版），2001（6）.

（三）发表的自由性

在数字技术的支撑下，实现全媒体数字出版已经是网络时代不可阻挡的趋势，中国互联网出版业呈现出多元发展的势头，特别是一些新的出版形式正在改变着人们的阅读习惯。据统计，2009 年我国数字出版产业收入达 799 亿元，超过传统出版业，而作为"第五媒体"崛起的手机，也将成为出版的重要工具。尤其是随着国内移动 4G 业务的发展，手机阅读与手机出版的前景很被看好。在全媒体数字出版技术支撑下，各类文章可在不同的网络平台上发表，有了很大的自由性，且创作者还可以根据点击率了解作品被读者接受的程度，再决定是否需要纸质出版。

四、数字化读写的实施策略

依托于现代数字技术的数字化读写为高校的写作教学带来了突破性的变革，它可以突破时间和空间的限制，实现"移动性教学"。下面我们以刘海涛的"网络时代的读与写"教学为例，来说明数字化读写的实施策略。

（一）培养媒介素养

黄楚新在《新媒介素养》中指出，媒介素养是指人们面对各种媒体信息时的选择、理解、质疑、评估、创造和生产，以及思辨和反应能力。媒介素养包括对媒体信息的选择、理解、评价、质疑、创造和批评的能力，能正确认识媒介的性质和功能，建立对媒体信息的批判意识，提高对不良信息的免疫力，学会有效利用大众传媒为个人成长服务等。

在网络技术飞速发展的今天，培养媒介素养是时代的呼唤。要想在虚拟的网络世界里进行写作活动，只有具备全新的媒介素养，才能把握住读写方向，从根本上获得读写能力。

在"网络时代的读与写"的教学中，刘海涛提出了"快乐阅读、快乐写作、快乐演讲"的"快乐读写说"教学主张，倡导写作教学的转型应在

"云教育"背景下进行。云教育主要包括教师的教学方式和学生的学习方式两个方面。教师的教学方式主要是从"云计算＋富媒体→慕课（MOOC）"的方向进行；学生的学习方式主要从"互联网＋新技术→数字化读写"的方向进行。如前面提及的"云阅读＋云笔记＋微博"的数字阅读方式就是一种"互联网＋新技术→数字化读写"的学习方式，即学生先通过云阅读获取阅读资源，再通过云笔记的新技术对阅读资源进行有效选择、理解、评价、质疑、创造和批评，最后通过微博发表，最终实现数字化读写的终极目标。云教育作为现代数字阅读的技术之一，可以很好地处理教与学的问题，是培养学生的媒介素养，实现数字化读写的重要教学策略。

（二）依托数字技术

以数字信息技术为基础，以互动传播为特点的数字新媒体正以一种不可阻挡的势头兴起，云计算、云教育、数字阅读载体等现代数字技术正在替代传统的读写工具，互联网、移动手机、数字电视、MSN等如雨后春笋般涌现，这些都是实现数字化读写转型的重要依托。刘海涛实施的"移动数字学习"便是依托数字新技术实现数字化读写的典型案例。

移动数字学习，是指利用无线移动通信网络技术和无线移动通信设备，使学生能在任何时间、任何地点获取教育信息、教育资源和教育服务的一种新型学习形式。通常情况下，它主要依托移动技术完成。学生可以在个人手机上安装云阅读、扎客等软件，将写作资料（如基础写作、文学写作、实用写作、新闻写作以及各类电子书）保存起来，形成个人数字笔记本。如此一来，不管走到哪里都可以对其所保存的资料进行阅读、编辑，然后通过博客等数字传播媒体发表出去，形成自己的学习成果。这一过程，从阅读到写作到发表，都是在移动学习环境下完成的。这种移动性学习，不但可以以最便捷的方式实现数字化读写，还集学生的实践性学习、教师的教研创于一体，同时适应了教师与学生的研究性活动，是一场依托数字新技术而实现读写转型的颠覆性革命。

（三）创建数字平台

数字平台是指能够实现在线阅读、写作、发表的数字媒介。刘海涛的"云阅读＋云笔记＋微博＝新平台"就是实现数字化读写转型的一种数字平台。在教学实践中，刘海涛实施的"个人博客—电子网刊—图书出版"的"创新写作训练三阶梯"教学模式，就是主要依托数字平台进行的。首先，让学生建立自己的个人微博，并把微博作为发表文章、交流学习的平台；接着，争取把学习成果发表到网站，并通过点评、跟帖等方式来进行研究性学习；最后，按某个主题进行"筛选"，编辑成书，交由出版社出版。在这三个阶梯中，学生充分利用微博这个数字媒介自主进行编辑，实现了写作能力的提升。

（四）建设资源库

刘海涛指出，建立一个比较规范的、实用性较强的数字化阅读资源库，是实现数字化读写转型的重要策略。教师可以引导学生根据读写的实际需求，按照类别，下载各类阅读书籍，每个类别里均储存精炼、实用的文本。如可以有"文本＋PPT""文本＋视频""文本＋音频""文本＋数码"等形式。这样，学生便可通过建立数字化阅读资源库，实现各种形式的数字化读写。

第二节　写作慕课群的建设

慕课，简称 MOOC，是新近涌现出来的一种在线课程开发模式，发端于过去的那种发布资源、学习管理系统以及将学习管理系统与更多的开放网络资源综合起来的旧的课程开发模式。慕课是大规模的网络开放课程，它是为了增强知识传播而由个人组织发布于互联网上的开放课程。慕课被誉为"印刷术发明以来教育最大的革新"，呈现出"未来教育"的曙光。多年沉浸于网络教育的刘海涛敏感地抓住了这一时代脉动，又一次开始了教学改革的征程，以一种全新的方式创新教学模式。

一、 写作慕课群的建设背景

慕课（MOOC）最早起步于美国，近来在其他国家也掀起了热潮。它的全称是"大规模开放式在线课程"。"M"代表 Massive（大规模），指的是课程注册人数多，多达数万人；第一个"O"代表 Open（开放），指的是以兴趣为导向，凡是想学习的都可以进来学；第二个"O"代表 Online（在线），指学习在网上完成，时间、空间灵活；"C"代表 Course（课程）。与传统课程只有几十个学生不同，慕课不设学生人数。它以兴趣为导向，只需电子邮箱就可注册参与在线共享的优质课程。整个视频课程被切割成 10 分钟甚至更短的"微课程"，不同"微课程"间穿插有许多小问题，就像游戏里的通关设置，只有答对了才能继续听课，如遇到无法解决的问题，可在线交流获取帮助，旨在循序渐进地让学生从初学者成长为高级人才。在此背景下，刘海涛将慕课引进写作教学，提出了写作慕课群的建设设想。

所谓写作慕课群，即以慕课的形式大规模开展网上写作教学。精心制作视频课程，然后将它们发布到网上，让所有学习者都可以根据兴趣爱好，选修优质的写作课程，并获得必要的选修学分。写作慕课群的建设，将打破写作教学时空上的局限性，实现随时随地的写作教学。它不同于传统的电视、广播、函授等远程教育，也不完全等同于近期兴起的教学视频网络共享，更不同于基于网络的在线应用。在"慕课"模式下，教师的教学进程、学生的学习体验、师生的多向互动等都可以完整、系统地在线实现。这无疑是一个重大创举，它的建设将是高校写作教学突破性的变革。

二、 写作慕课群的技术背景

写作慕课群的建设，需要依托先进的数字技术。"云计算＋富媒体→慕课（MOOC）"是刘海涛最新提出的关于建设写作慕课群的技术结合模式。

（一）云计算：慕课课堂的"管理师"

对云计算的定义有多种说法，目前广受认可的是美国国家标准与技术研究院（NIST）对云计算的定义：云计算是一种模式，它可以实现随时随地、便捷地、按需地从可配置的计算资源共享池中获取资源，这些资源能够被快速提供并释放，而只需投入很少的管理工作或与服务供应商进行很少的交互。云计算描述了一种基于互联网的新的 IT 服务的增加、使用和交付模式，通常涉及通过互联网来提供动态易扩散且经常是虚拟化的资源，是近年来最有代表性的网络计算技术与模式。

在写作慕课群的建设中，刘海涛将云计算的含义界定为：各种数据中心的电脑之间分发数据、应用程序和计算周期的一系列战略工程。教师可以通过视频云计算的应用直播或录播某一课程，并将信息储存至流媒体存储服务器上，便于学生长时间和多渠道观看视频课程。慕课实际上是将学校建立在"云"之上。

（二）富媒体：慕课课堂的"放映机"

富媒体是指具有视频、音频、图像、文本、动画等多种丰富媒体以及交互性的信息传播方式，它的魅力在于，能给人提供更丰富的、多感官的接触机会以及精美细腻的创意展现。它是互联网信息传播技术的升级，打破了互联网信息传播只有文字或图片的局限，使信息传播增添了动画、影片等三维效果。

富媒体与云计算一起，在写作慕课群的建设中扮演着非常重要的角色。依托富媒体与云计算，教师的慕课教学不再仅仅是教学内容与图片的展现，而是以一种立体、真实的形式呈现在在线学习者面前，是真实写作课堂在互联网上的一种"虚拟化"呈现方式。

三、 写作慕课群的建设价值

写作慕课群的建设者们，将写作课程从传统课堂搬到互联网世界中，使写作教学打破课堂"围墙",实现了随时随地的移动性教学。

(一) 课堂形式的变革：全球学习共同体

慕课有一个典型的特点,就是能让所有学习者共享所有的精品课程资源。在传统的文学写作课程教学中,课堂只能在固定的时间、地点内实施,选修写作课程的只能是本校的学生,假如建设了文学写作慕课群,写作教学就可以冲破课堂这个"围墙",走向全球共享的互联网,供所有在线选修网络课程的网民学习。在"慕课"模式下,教师的教学、学生的学习进程和学习体验、师生互动过程等都可以打破时间和空间的限制,像真实的课堂一样完整地在线实现。尤其是云计算,它已经改变了利用互联网沟通、存储和获取信息的方式,使得大规模开放的网络课程得以建设。在写作慕课群课堂上,教师可以随时观察到学生的学习情况,学生也可以随时在线提出问题、通过交流讨论解决问题。尤其是最新兴起的关联慕课,强调聚合体,保证学习内容可以通过通讯或网页让学习者随时接触;强调重组性,讲究课程内部人员间分享各种学习资源;强调重新定位,梳理与重组各种不同的学习资源,以适应不同学习者的个性需求;强调正向输送,将重新定位、重组过的学习资源与其他人员分享,并传递给世界上所有感兴趣的人。① 这真正实现了每一门慕课的全球共享。

写作慕课群的建设真正做到了将学校建立在"云"上,强化大学教学开放、共享、协作、选择、应用和公共服务的理念,大学写作课堂从此变成了一个全球学习的共同体。

(二) 教学方式的变革：自动化教学

写作慕课群的建设,无疑是写作教学的重大变革,而这种变革,主要是从网络技术对课堂教学方式的改变开始的。慕课课程虽然以教师课堂教学为主,但它是通过现代科学技术,以自动化的方式表达出来的。首先,

---

① 郭英剑."慕课"的六大发展趋势 [EB/OL] . http://www.qstheory.cn/kj/jyll/201402/t20140213_320403.htm;2014-2-13.

将写作课程放到网上，可以吸引大批学习者选修写作课程，影响更多的人，实现教学对象选择上的自动化。其次，由于课程是全程录像，教师在讲授完课程后，可以通过录像观察学生当时的学习情况，而不再像过去一样只能依靠测验、考试或论文考查学生。同时，将写作课程放到网络上，所有人都可以对其进行评论，由此一来，教师可以更清晰地认识到自身的优缺点，反省自己的教学，查看教学效果，实现了教学效果和学习效果检验的自动化。最后，慕课课程将教学方式改为解答问题，这有助于学生对所学内容与主题的理解，更有助于提高学生的思辨能力、分析问题与解决问题能力，而这恰恰是高等教育最重要的目标，这便实现了课堂问题解决的自动化。

（三）学习方式的变革：多样性学习

写作慕课群的建设也将对学生如何学习、怎样有效学习产生重大影响。在过去的写作教学中，学生只能聆听主讲教师授课，因此在有限的时间里只能获得有限的知识。而基于网络的在线慕课群，则可使学生搜寻多种写作课程，不再局限于时间和空间，实现了随时随地的学习。更为重要的是，学习者可以不再从头听到尾，他们可以根据自身的学习需要，跳过自己已掌握的内容，重复播放难懂或还没有掌握的部分，实现选择性的学习。而且，目前很多慕课课程不仅能自动回复学习者的问题，还可以根据学习者的提问提供相应的帮助，实现有效问答学习。写作慕课群还可以将在线学习与离线学习结合起来，如要求学生课下观看视频课程，完成相应的学习项目，课上则主要与教师进行互动，解决遇到的问题，实现项目型学习。写作慕课群将完全改变传统的单一学习方式，在网络技术背景下，实现学习方式向灵活性、多样性的转型。

四、 写作慕课群的实施策略

刘海涛在写作课程建设方面可谓贡献卓著，他主讲的"文学写作"课程被评为"省级精品课程"，慕课群是他最高端的课程建设。下面我们以

"文学写作与欣赏"课程为例，说明写作慕课群实施的具体策略。

（一）依托网络平台：传输教学课堂

网络平台是写作慕课群实施的基础。只有依托一定的公开网络平台，才能将课程传输出去，供学习者学习。这个网络平台相当于一个网络学校，容纳了不同专题的慕课课程，其将各种专题的慕课课程以视频的形式传输出去，使学习者能在一个虚拟的课堂中进行学习。这一平台必须具有权威性，有明确的专题以及系统来管理。刘海涛充分利用学校的"椰风新韵读说写网络学校"这个平台，将"文学写作与欣赏"课程和网络学校很好地结合起来，搭建了教学平台。"文学写作与欣赏"在形成一个完整的教程后，便可在"椰风新韵读说写网络学校"这个平台上展示出来，甚至可以在中国慕课平台展示，形成一个完整的网上公开课堂。学习者可根据自身兴趣爱好注册学习"文学写作与欣赏"课程。一个慕课平台就相当于一个网站，学习者只要通过这个平台，便可在智能手机、台式电脑、数字电视等数字化媒体上实现课程学习。这无论是对教学方式还是学习方式，都是一种颠覆性的变革。

（二）切割知识点：形成系统教程

"文学写作与欣赏"慕课是对知识点碎片化的讲授，它将整个"文学写作与欣赏"课程切割成20分钟甚至更短的"微课程"，不同"微课程"间穿插许多小问题，学习者通过所设置的问题后，便可继续下一个"微课程"的学习。慕课呈现的知识点是碎片化的，但也是系统化的，它不是每一门课程按照第一章、第二章……第一节、第二节……的顺序一讲到底，而是先组织好要讲的知识点，每个知识点规定在20分钟内讲完，然后再动用各种富媒体将这个知识点讲熟讲透，对于其他无需讲授只需看书便可掌握的知识点学习者可以根据自身需求通过看书获得，所需书目将以电子书的形式附在课程后面。

例如，在传统的"文学写作与欣赏"教学中，很多院校局限在"单一的教学内容、三段式的教学过程、讲读式的教学方法"的基本教学模型

内。在教学过程中，教师通常只讲授单一的问题和篇目，教材的体例常按照文体和年代来排列，分"背景介绍、主题归纳、艺术分析"三个模块对单篇作品进行教学。这种以讲读为中心，向学生灌输写作知识的方式，虽然使知识的传授比较全面系统，但没有把写作知识进一步转化为学生的写作能力，较难激发学生的学习兴趣和创造能力。但在以慕课形式呈现出来的"文学写作与欣赏"教学中，教师可以将传统的文学欣赏篇目进行大幅度的切割和改造，再根据学习者的审美特性，对切割后的文学欣赏篇目进行组合，最后组织好要讲的知识点，进行系统的教学。

（三）设置训练项目：实施课后实践学习

刘海涛的写作慕课群是以他的十本写作专著为教材而建立的。要使慕课课程在规范化、系统化的环境下实施教学，还必须设计出规范化的训练项目。这相当于一种课后实践，其方式可以有多种。方式之一是网上做题，这是最一般的方式，即直接设定好题目，让学生通过做题进行课后实践、巩固、检验。方式之二是在网上设计一些读写项目。例如，在"文学写作与欣赏"教学中，为了加强巩固学生的文学写作与欣赏能力，教师可以布置这样的作业：要求学生通过有道云笔记等，将自己在网上看到的优秀作品下载下来，保存到自己的"数字笔记本"中，然后写出自己的解读与赏析。假如教师要求学生用讲授过的叙述方法进行改写，改写以后便又是一种记叙文训练。教师还可以为学生设置"写读后感"的训练项目，既可以达到议论文训练的效果，又可以为学业论文、学位论文、毕业论文做准备。

（四）数字出版：新形态教材

写作慕课群是一种大规模开放式网上写作课程，拥有丰富的、高质量的写作课程资源和先进的教学资源。借助数字出版，可将写作慕课资源以电子书的形式呈现给学习者。写作慕课资源一般包括写作慕课课程、课后训练项目、教师的"教研创"成果以及学习者的"产学研"成果。在写作慕课群中，课程本身可作为资源进行数字出版，同时随着教学进程的推进，教师的"教研创"成果以及学生的"产学研"成果都可转化为数字出版资源，最后以电子书的形式出版。如此一来，不仅可以大量节省出版成本，还可以最大限度实现慕课课程资源的数字阅读以及移动学习。

在"文学写作与欣赏"慕课中，刘海涛在云笔记里所编辑的那些积淀有一二十年历史的教材、专著以及利用云笔记研发的微课程（即组成慕课的结构单元）都可以借助网络技术实现数字出版，使其最终成为一种更为灵活的、有别于传统纸质的新形态教材。这不仅是一种教材形态的升级，也是教研创一体化教学模式的有效实施策略。同时，教师所设置的训练项目，以及学生通过研究式活动、实践性学习、项目型学习所产生的学习成果，经过编辑后，也可借助网络新技术实现数字出版。这一过程体现的是一种典型的产学研一体化教学方式。

在网络环境下，人们的阅读内容和阅读方式发生了极大的变化。阅读材料是新鲜的，写作方式是新颖的，这使得教师与学生的媒体素养、读写能力都得到了培养，专业化能力就此提升，深切体验到转型的快乐。

"新技术和碎片化的时间的利用，使我的学习、读书和教学都变得快乐、享受，我把这种心态带给学生，从而真正体验到分享、互动、激活等'云教育'的快乐，体验到当教师、搞教学改革和课程建设的职业兴奋。"

网络与课堂的双向结合教学，带来的不仅是课程与教学的升级与变革，还有教师专业化的跳跃性发展以及教师内在职业素养的提升，这也将成为未来写作教学的重要变革方向。

西南师范大学出版社
《名师工程》系列丛书目录

系列	序号	书　　名	作者	定价
鲁派教育名师探索者系列·	1	《追问历史教学之道》	钟红军	36.00
	2	《灵动英语课——高效外语教学氛围创设艺术》	邵淑红	30.00
	3	《校园，幸福教育的栖居》	武际金	30.00
	4	《复调语文——尊重生命自我成长的语文教学》	孙云霄	30.00
	5	《智趣数学课——在情感深处激发学生的数学智能》	王冬梅	30.00
	6	《高品位"悦读"——让情感与心灵更愉悦的阅读教学》	马彩清	30.00
	7	《品诵教学——感悟母语神韵的阅读教学》	侯忠彦	30.00
	8	《智趣化学课——在快乐中提升学生的科学素养》	张利平	30.00
码名师解系列	9	《教育需要播种温暖——谢文东与儒雅教育》	余　香　陈柔羽　王林发	28.00
	10	《为了未来设计教育——梁哲与探究教育》	冼柳欣　肖东阳　王林发	28.00
	11	《真心是教育的底色——谭永焕与真心教育》	谭永焕　温静瑶　王林发	28.00
	12	《做超越自我的教师——刘海涛与创新教育》	王林发　陈晓凤　欧诗停	28.00
	13	《打造灵动的教育场——张旭与情感教育》	范雪贞　邹小丽　王林发	28.00
堂高效课系列	14	《让数学课堂更高效——教研员眼中的教学得失》	朱志明	30.00
	15	《从教会到教慧——小学生数学学习能力的培养艺术》	滕　云	30.00
	16	《用什么提高课堂效率——有效数学课必须关注的10大要素》	赵红婷	30.00
	17	《让作文更轻松——小学作文高效教学36锦囊》	李素环	30.00
	18	《让研究性学习更高效——研究性学习施教指导策略》	欧阳仁宣	30.00
	19	《让母语融入学生心灵——提升学生语文素养的高效施教艺术》	黄桂林	30.00
创新课堂系列	20	《小学语文"三环节"阅读教学法——自学、读讲、实践》	薛发武	30.00
	21	《个性化课堂教学艺术：小学语文》	商德远	30.00
	22	《如何实现三维目标——让学生与文本共鸣的诵读教学》	张连元	30.00
	23	《想说　会说　有话可说——突破作文瓶颈的三维教学法》	杨和平	30.00
	24	《综合课的整合创新教学》	周辉兵	30.00
	25	《如何打造学生喜爱的音乐课堂》	张　娟	30.00
	26	《理想课堂的构建与实施——一个教研员眼中的理想课堂》	张玉彬	30.00
	27	《小学语文：决定教学质量的关键策略》	李　楠	30.00
	28	《用〈论语〉思想提升数学教育智慧》	胡爱民	30.00
	29	《童化作文——浸润儿童心灵的作文教学》	吴　勇	30.00
	30	《亲爱的语文》	鲍周生	30.00
系名列校	31	《人本与生本：管理与德育的双重根基》	广州市广外附设外语学校	30.00
	32	《生本与生成：高效教学的两轮驱动》	广州市广外附设外语学校	30.00
	33	《世界视野与现代意识：校本课程开发的二元思维》	广州市广外附设外语学校	30.00
	34	《让每个生命都精彩——生命教育校本实践策略》	王鹏飞	30.00
	35	《好学校，从关注每个学生开始——石梅小学优质教育多元感悟》	顾　泳　张文质	30.00

系列	序号	书　　　名	作者	定价
思想者系列	36	《回归教育的本色》	马恩来	30.00
	37	《守护教育的本真》	陈道龙	30.00
	38	《教育，倾听心灵的声音》	李荣灿	30.00
	39	《心根课堂——让教育随学生心灵起舞》	刘云生	30.00
	40	《做一个纯粹的教师》	许丽芬	26.00
	41	《率性教书》	夏　昆	26.00
	42	《为爱教书》	马一舜	26.00
	43	《课堂，诗意还在》	赵赵（赵克芳）	26.00
	44	《今日教育之民间立场》	子虚（扈永进）	30.00
	45	《教育，细节的深度反思》	许传利	30.00
	46	《追寻教育的真谛——许锡良教育思考录》	许锡良	30.00
	47	《做爱思考的教师》	杨守菊	30.00
鲁派名校系列·教育探索者	48	《博弈中的追求——一位中学校长的"零"作业抉择》	李志欣	30.00
	49	《大教育视野下的特色课程构建——海洋教育的开发实施》	白刚勋	30.00
名师教学手记系列	50	《唤醒生命的对话——孙建锋语文教学手记》	孙建锋	30.00
	51	《让作文教学更高效——王学东写作教学手记》	王学东	30.00
名校长核心思想系列	52	《智圆行方——智慧校长的50项管理策略》	胡美山　李绵军	30.0
	53	《做一个智慧的校长》	孙世杰	30.00
	54	《成为有思想的校长》	赵艳然	30.00
创新班主任系列	55	《班主任专业化成长策略》	杨连山	30.00
	56	《班级活动创新与问题应对》	杨连山　杨照　张国良	30.00
	57	《班集体建设与创新人才培养》	李国汉	30.00
	58	《神奇的教育场——打造特色班级文化创新艺术》	李德善	30.00
教研提升系列	59	《校本教研的7个关键点》	孙瑞欣	30.00
	60	《教师怎样做小课题研究——高效助力教师专业化成长》	徐世贵　刘恒贺	30.00
	61	《今天我们应怎样评课》	张文质　陈海滨	30.00
	62	《今天我们应怎样进行教学反思》	张文质　刘永席	30.00
	63	《一节好课需要的教育智慧》	张文质　姚春杰	30.00
优化教学系列	64	《高效教学组织的优化策略》	赵雪霞	30.00
	65	《高效教学方法的优化策略》	任　辉	30.00
	66	《高效教学过程的优化策略》	韩　锋	30.00
	67	《让教学更生动——激发兴趣让学生快乐认知》	朱良才	30.00
	68	《让教学更高效——策略创新让教学事半功倍》	孙朝仁	30.00
	69	《让教学更开放——拓展延伸让学生触类旁通》	焦祖卿　吕勤	30.00
	70	《让教学更生活——体验运用让学生内化知识》	强光峰	30.00
	71	《让知识更系统——整合与概括让学生建构体系》	杨向谊	30.00
	72	《让思维更创新——思辨与发散让学生思维活跃》	朱良才	30.00

系列	序号	书　　　　　名	作者	定价
教学创新语文系列	73	《曹洪彪新概念快速作文》	曹洪彪	30.00
	74	《小学语文：享受对话教学》	孙建锋	30.00
	75	《小学语文：名师教学目标落实艺术》	刘海涛　王林发	30.00
	76	《小学语文：名师魅力教学设计艺术》	刘海涛　王林发	30.00
	77	《小学语文：名师魅力课堂激趣艺术》	刘海涛　豆海湛	30.00
	78	《小学语文：单元整体教学构建艺术》	李怀源	30.00
	79	《小学作文：名师情趣课堂创设艺术》	张化万	30.00
名师名课系列	80	《名师如何炼就名课》（美术卷）	李力加	35.00
教师成长系列	81	《做会研究的教师》	姚小明	30.00
	82	《学学名师那些事》	孙志毅	30.00
	83	《给新教师的建议》	李镇西	30.00
	84	《教师心灵读本：成为有思想的教师》	肖　川	30.00
	85	《教师心灵读本：教师，做反思的实践者》	肖　川	30.00
幼师提升系列	86	《全国优秀幼儿健康教育活动课例评析》	教育部教育管理信息中心	30.00
	87	《全国优秀幼儿艺术教育活动课例评析》	教育部教育管理信息中心	30.00
	88	《全国优秀幼儿社会教育活动课例评析》	教育部教育管理信息中心	30.00
	89	《全国优秀幼儿语言教育活动课例评析》	教育部教育管理信息中心	30.00
	90	《全国优秀幼儿科学教育活动课例评析》	教育部教育管理信息中心	30.00
教师修炼系列	91	《班主任工作行为八项修炼》	杨连山	30.00
	92	《教师心理健康六项修炼》	李慧生	30.00
	93	《教师专业化五项修炼》	杨连山　田福安	30.00
	94	《课堂教学素养五项修炼》	刘金生　霍克林	30.00
	95	《高效教学技能十项修炼》	欧阳芬　诸葛彪	30.00
	96	《教师新师德六项修炼》	王毓珣　王　颖	30.00
教学创新数学系列	97	《小学数学：名师教学目标落实艺术》	余文森	30.00
	98	《小学数学：名师高效教学设计艺术》	余文森	30.00
	99	《小学数学：名师易错问题针对教学》	余文森	30.00
	100	《小学数学：名师魅力课堂激趣艺术》	余文森	30.00
	101	《小学数学：名师同课异教》	林高明　陈燕香	30.00
	102	《小学数学：名师抽象问题艺术教学》	余文森	30.00
教育心理系列	103	《做最好的心理导师——中学生心理健康咨询手册》	杨　东	30.00
	104	《每天学点教育心理学》	石国兴　白晋荣	30.00
	105	《学生心理拓展训练与指导》	徐岳敏	30.00
	106	《好心态成就好学生——学生心理问题剖析与对症教育》	李韦遘	30.00
教育通识系列	107	《用心做教师——青年教师快速成长的十大定律》	王福强	30.00
	108	《做最受学生欢迎的老师》	赵馨　许俊仪	30.00
	109	《做有策略的校长——经典寓言与学校管理智慧》	宋运来	30.00
	110	《做有策略的教师——经典故事中的教育启示》	孙志毅	30.00
	111	《从学生那里学教书》	严育洪	30.00
	112	《突破平庸——提升教育质量的31个跳板》	严育洪	30.00
	113	《教育，诗意地栖居》	朱华忠	30.00
	114	《好班规打造好班级》	赵　凯	30.00
	115	《做学生成长的引领者——学生终身成长的素质培养》	田祥珍	30.00
	116	《如何管出好班级——突破班级管理的四大瓶颈》	刘令军	30.00
	117	《青春期性教育教师实用手册》	闵乐夫	30.00

系列	序号	书　　　名	作者	定价
高中新课程系列	118	《高中新课程：教师角色转变细节》	缪水娟	30.00
	119	《高中新课程：班主任新兵法细节》	李国汉　杨连山	30.00
	120	《高中新课程：教学管理创新细节》	陈　文	30.00
	121	《高中新课程：更有效的评价细节》	李淑华	30.00
教学新突破系列	122	《把教学目标落实到位——名师优质课堂的效率管理》	冯增俊	30.00
	123	《拿什么调动学生——名师生态课堂的情绪管理》	胡　涛	30.00
	124	《零距离施教——名师和谐师生关系的构建艺术》	贺　斌	30.00
	125	《一个都不能落——名师提升学困生的针对教学》	侯一波	30.00
	126	《让学习变得更轻松——名师最能吸引学生的情境设计》	施建平	30.00
	127	《让知识变得更易学——名师改造难学知识的优化艺术》	周维强	30.00
名师讲述系列	128	《施教先施爱——名师讲述班主任的核心教导力》	杨连山　魏永田	30.00
	129	《在欢乐中成长——名师讲述最具活力的课堂愉快教学》	王斌兴	30.00
	130	《让学生做自己的老师——名师讲述如何提升学生自主学习能力》	徐学福　房　慧	30.00
	131	《引领学生高效学习——名师讲述如何提高学生课堂学习效率》	刘世斌	30.00
	132	《教育从心灵开始——名师讲述最能感动学生的心灵教育》	张文质	30.00
教育细节系列	133	《名师最具渲染力的口才细节》	高万祥	30.00
	134	《名师最有效的沟通细节》	李　燕　徐　波	30.00
	135	《名师最有效的激励细节》	张　利　李　波	30.00
	136	《名师培养学生好习惯的高效细节》	李文娟　郭香萍	30.00
	137	《名师人格教育的经典细节》	齐　欣	30.00
	138	《名师营造课堂氛围的经典细节》	高　帆　李秀华	30.00
	139	《名师最有效的赏识教育细节》	李慧军	30.00
	140	《名师最有效的批评细节》	沈　旎	30.00
教育管理力系列	141	《名校激励管理促进力》	周　兵	30.00
	142	《名校安全管理执行力》	袁先潋	30.00
	143	《名校师资团队建设力》	赵圣华	30.00
	144	《名校危机管理应对力》	李明汉	30.00
	145	《名校校本研究创新力》	李春华	30.00
	146	《学校文化力建设策略》	袁先潋	30.00
	147	《名校长核心教育力》	陶继新	30.00
	148	《名校长高绩效领导力》	周辉兵	30.00
	149	《名校行政管理细节力》	杨少春	30.00
	150	《名校教学管理提升力》	张　韬　戴诗银	30.00
	151	《名校学生管理教导力》	田福安	30.00
	152	《名校校园文化构建力》	岳春峰	30.00
大师讲坛系列	153	《大师谈教育心理》	肖　川	30.00
	154	《大师谈教育激励》	肖　川	30.00
	155	《大师谈教育沟通》	王斌兴　吴杰明	30.00
	156	《大师谈启蒙教育》	周　宏	30.00
	157	《大师谈教育管理》	樊　雁	30.00
	158	《大师谈儿童人格塑造》	齐　欣	30.00
	159	《大师谈儿童习惯培养》	唐西胜	30.00
	160	《大师谈儿童能力培养》	张启福	30.00
	161	《大师谈早恋与性教育》	闫乐夫	30.00
	162	《大师谈儿童情感教育》	张光林　张　静	30.00

系列	序号	书名	作者	定价
教学提升系列	163	《方法总比问题多——名师转变棘手学生的施教艺术》	杨志军	30.00
	164	《用特色吸引学生——名师最受欢迎的特色教学艺术》	卞金祥	30.00
	165	《让学生爱上课堂——名师高效课堂的引导艺术》	邓涛	30.00
	166	《拿什么打开思路——名师最吸引学生的课堂切入点》	马友文	30.00
	167	《没有记不牢的知识——名师最能提升学生记忆效果的秘诀》	谢定兰	30.00
	168	《让学生的思维活起来——名师最激发潜能的课堂提问艺术》	严永金	30.00
国际视野系列	169	《行走在日本基础教育第一线》	李润华	26.00
	170	《润物细无声》	赵荣荣 张静	30.00
	171	《不让一个学生掉队——国际视野下的教育均衡实践》	乔鹤	28.00
	172	《从白桦林到克里姆林宫——俄罗斯中小学教育纪实》	赵伟	30.00

图书在版编目（CIP）数据

做超越自我的教师：刘海涛与创新教育/王林发，陈晓凤，欧诗停著. —重庆：西南师范大学出版社，2015.1

（名师工程系列丛书）

ISBN 978-7-5621-7201-7

Ⅰ.①做… Ⅱ.①王…②陈…③欧… Ⅲ.①刘海涛—生平事迹 Ⅳ.①K825.46

中国版本图书馆 CIP 数据核字（2014）第 288626 号

名师工程系列丛书

编委会主任：马　立　宋乃庆
总策划：周安平
策　划：李远毅　卢　旭　郑持军　郭德军

做超越自我的教师——刘海涛与创新教育

王林发　陈晓凤　欧诗停　著

责任编辑：雷　刚　张晓兰
文字编辑：鲁　艺
封面设计：天之赋设计室
出版发行：西南师范大学出版社
　　　　　　地址：重庆市北碚区天生路 1 号
　　　　　　邮编：400715　市场营销部电话：023-68868624
　　　　　　http://www.xscbs.com
经　　销：新华书店
印　　刷：重庆市正前方彩色印刷有限公司
开　　本：720mm×1030mm　1/16
印　　张：10.75
字　　数：159 千字
版　　次：2015 年 1 月　第 1 版
印　　次：2017 年 6 月　第 3 次
书　　号：ISBN 978-7-5621-7201-7

定　　价：28.00 元